半生戎马半生歌
——人民艺术家阎肃

本书编写组 编

新 华 出 版 社

图书在版编目（CIP）数据

半生戎马半生歌：人民艺术家阎肃 /《半生戎马半生歌：人民艺术家阎肃》
编写组编. —北京：新华出版社，2015.12
ISBN 978-7-5166-2233-9

Ⅰ.①半… Ⅱ.①半… Ⅲ.①阎肃—生平事迹 Ⅳ.①K825.76

中国版本图书馆CIP数据核字（2015）第292507号

半生戎马半生歌：人民艺术家阎肃

编　　者：本书编写组

出 版 人：张百新　　　　　　　　　选题策划：要力石
责任编辑：许　新　刘燕玲　　　　　封面设计：北京今亮后声文化传播有限公司

出版发行：新华出版社
地　　址：北京石景山区京原路8号　　　邮　　编：100040
网　　址：http：//www.xinhuapub.com　　http：//press.xinhuanet.com
经　　销：新华书店
购书热线：010-63077122　　　　　　中国新闻书店购书热线：010-63072012

照　　排：钟铉工作室
印　　刷：北京明恒达印务有限公司

成品尺寸：170mm×240mm
印　　张：15.25　插页：10　　　　　字　　数：150千字
版　　次：2016年1月第一版　　　　　印　　次：2016年1月第一次印刷

书　　号：ISBN 978-7-5166-2233-9
定　　价：38.00元

图书如有印装问题请与出版社联系调换：010-63077101

阎肃生活照。

1964年，毛主席在人民大会堂小礼堂，观看《江姐》后亲切接见阎肃等剧组演员。第三排左四为阎肃。（资料图片）

2015年2月10日，中宣部部长刘奇葆看望阎肃。（郭幸福 摄）

2010年3月，总政李继耐主任和阎肃亲切交谈。（郭幸福 摄）

青年时期的阎肃。

阎肃在家中进行创作。（郭幸福 摄）

2007年3月，阎肃（右）在空军蓝天剧院主持蓝天四季音乐会。（郭幸福 摄）

创作室三老三中合影。（郭幸福 摄）

阎肃和基层战士在一起。（郭幸福 摄）

阎肃和第五代江姐在一起。（郭幸福 摄）

2008年6月1日，阎肃和蓝天幼儿艺术团小演员十二"生肖"在一起。（郭幸福 摄）

2009年6月18日，阎肃在酒泉卫星发射中心体验生活。（郭幸福 摄）

2012年11月20日，《江姐》获得文化部第二届保留剧目大奖。（郭幸福 摄）

2010年7月25日，在庆祝空政文工团建团60周年系列演出中，阎肃与《军营男子汉》的作曲姜春阳一起演唱《军营男子汉》。（新华社记者 罗晓光 摄）

《江姐》演出结束后，阎肃与演员、创作组成员一起座谈。右一为作曲家羊鸣。（郭幸福 摄）

阎肃在央视《回声嘹亮》演唱会上。（郭幸福 摄）

2010年5月9日，阎肃80岁生日全家合影。（郭幸福 摄）

2015年5月9日，阎肃85岁生日在家门口和老伴合影。（郭幸福 摄）

2015年5月9日，文工团团员在阎肃家祝贺阎肃生日。（郭幸福 摄）

目　录

上　篇
一片丹心向阳开

中　篇

阎肃的"风花雪月"

下　篇
半生戎马半生歌

刘云山：
学习阎肃同志的先进事迹和崇高精神 做无愧于党和人民的文艺工作者

阎肃同志先进事迹报告会24日在人民大会堂举行。报告会前，中共中央政治局常委、中央书记处书记刘云山看望报告团成员，代表习近平总书记、代表党中央，向阎肃同志表示敬意，向阎肃同志家属表示慰问。他强调，文艺工作者要深入贯彻习近平总书记在文艺工作座谈会上的重要讲话精神，学习阎肃同志的先进事迹和崇高精神，坚定信仰、植根生活、崇德修身，走好正确的人生之路、艺术之路，做无愧于党和人民的文艺工作者。

阎肃是空军政治部文工团创作员。他始终坚定爱党报国的理想信念，牢记以人民为中心的工作导向，创作了一大批脍炙人口的经典之作，参与策划许多重大文艺活动，为繁荣发展社会主义文艺做出了突出贡献。

刘云山在看望时说，阎肃同志是文艺战线的一面旗帜，他60多年勇攀艺术高峰，80多岁依然奋斗在文艺工作第一线，无论是创作实践，还是为人做事，都一片丹心、一腔热血、一身正气，不愧为文艺工作者学习的楷模。

刘云山说，文艺工作者应该走什么样的人生之路、艺术之路，阎肃同志以丰富的人生经历和艺术实践，作出了很好的回答。向阎肃同志学习，就应当丹心向阳，走党指引的光明之路，坚定理想、不忘初心，把对党的忠诚融入文艺创作，满腔热情地为信仰而歌；就应当植根生活，走与人民结合之路，用心走基层，用情搞创作，虚心向人民学习、向生活学习，更好地为人民抒写抒情抒怀；就应当崇德修身，走德艺双馨之路，自觉践行社会主义核心价值观，坚持艺品与人品相统一，潜心创作实践、力戒浮华浮躁，以实际行动弘扬真善美、增添正能量。

刘云山强调，决胜全面建成小康社会，需要文化的力量、文艺的力量，需要更多阎肃式的优秀文艺工作者。新闻媒体要多报道文艺界先进人物的感人事迹，用他们的思想情操、精神境界、艺术态度引领和感召更多的人。文艺工作者要增强文化自信、价值观自信，向先进典型学习，向时代楷模看齐，多做塑魂铸魂、鼓舞士气的工作，抒写切合时代脉搏的文艺篇章。

中共中央政治局委员、中宣部部长刘奇葆，中共中央政治局委员、中央军委副主席许其亮和中央军委委员张阳、马晓天一同看望。

报告会由中宣部、文化部和解放军总政治部联合举办，首都文艺工作者代表、驻京部队官兵代表等约750人参加。5位报告团成员的深情讲述，深深感染了现场听众，会场不时响起热烈掌声。

（2015年12月24日新华社电）

中宣部发布"时代楷模"阎肃事迹

中共中央宣传部11月29日在中央电视台向全社会公开发布"时代楷模"阎肃的先进事迹。

阎肃是空军政治部文工团创作员。从艺65年来，他始终坚定爱党报国的理想信念，牢记以人民为中心的工作导向，把弘扬时代主旋律作为崇高使命，把真诚为民为兵服务作为价值追求，创作了《江姐》《党的女儿》《长征颂》《红旗颂》《我爱祖国的蓝天》等一大批脍炙人口的红色经典，深受广大人民群众喜爱，感染和激励了几代中国人。党的十八大以来，他以80多岁高龄追梦筑梦，辛勤创作，参与策划多场重大文艺活动，为讴歌主旋律、汇聚正能量，繁荣发展社会主义文艺事业作出了突出贡献。

近一段时间以来，阎肃的事迹经新闻媒体广泛报道后，在全社会引起热烈反响。干部群众和文艺工作者一致认为，在阎肃同志身上，充分体现了对党忠诚、服务人民的坚定信念，讴歌时代、铸就精品的责任担当，勇立潮头、追求卓越的奋斗激情，艺德高尚、淡泊名利的人格风范，他不愧为红心向党、追梦筑梦、德艺

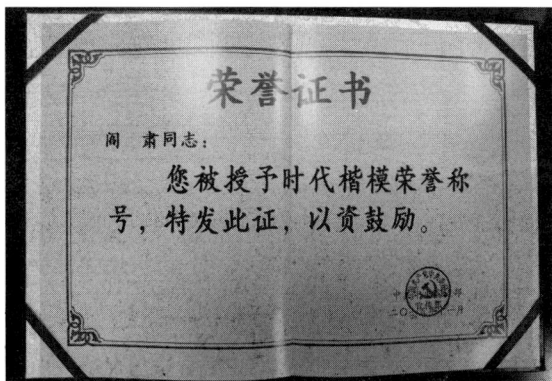

双馨的艺术家。文艺工作者纷纷表示，要以阎肃同志为榜样，深入学习贯彻习近平总书记在文艺工作座谈会上的重要讲话精神，全面贯彻落实《中共中央关于繁荣发展社会主义文艺的意见》，深刻认识自身肩负的庄严使命，坚持以人民为中心的创作导向，深入生活、扎根人民，努力做有修为、有作为、有担当的文艺工作者，为繁荣发展社会主义文艺，建设社会主义文化强国贡献力量。

"时代楷模"发布以"我们的价值观，我们的中国梦"为主题，现场发布了阎肃的先进事迹，宣读了《中共中央宣传部关于"时代楷模"阎肃的表彰决定》，播放了反映他先进事迹的短片，展示了中国楹联学会、中华诗词学会创作的反映他先进事迹的楹联、诗词和小传，向阎肃的亲属颁发了"时代楷模"纪念章和荣誉证书，大学生代表现场发表了感言。中宣部、总政治部、空军的有关负责同志参加。

（2015年11月29日新华社电）

上　篇
一片丹心向阳开

火，未尽的歌

◎ 张玉清　张严平　张汩汩

"人类最伟大的武器就是他熊熊燃烧着的灵魂。"

阎肃，就是一个有着这样燃烧的灵魂的生命。

他用燃烧去追寻光明，他用燃烧去传递热力。

在风云激荡的大时代里，他将生命汇成一团熊熊的烈火，他把岁月谱成一首未尽的长歌。

星　火

阎肃的名字，与歌剧《江姐》紧紧相连。

1962年，小说《红岩》问世，身在空政文工团创作室的阎肃被深深吸引。

《红岩》的故事，发生在阎肃再熟悉不过的重庆。从7岁逃难到山城，阎肃在这里度过了整个青少年时期，罢课、游行、闹学潮……像江姐一样，他的许多老师、学长都是地下党员。曾给阎肃讲解《共产党宣言》的语文老师赵晶片，就倒在了敌人的枪下；教阎肃唱《松花江上》的师姐，也血染校场口——在山城最黑暗的日子里，无数年轻的共产党人向着光明前仆后继，慷慨赴死。为了中国光辉灿烂的未来，他们就像一支支燃烧的火把，撕破无际的夜幕，汇成照亮整个天宇的熊熊烈焰，哪怕自己化为灰烬……

没有任务，但是阎肃无法按捺住内心的创作渴望——一定要把江姐搬上歌剧舞台。

他心中的这团火，已经烧了太久。此时，仿佛奔涌的熔岩找到了爆发的山口。在一间不足9平方米的小屋里，他趴在床头奋笔疾书，探亲18天，足不出户。新婚的妻子每天把买好的饭菜轻轻放在桌角，轻轻走出宿舍……

"红岩上红梅开，千里冰霜脚下踩。三九严寒何所惧，一片丹心向阳开……"剧本一气呵成，那不仅仅是唱词，更是阎肃累积30多年的崇敬与深情。

歌剧《江姐》在全国掀起红色旋风。《红梅赞》《绣红旗》《春蚕到死丝不断》……一曲曲广为流传的歌剧选段，使江姐这一美丽不朽的人物成为中国百姓家喻户晓、钦敬爱戴的偶像。从1964年9月起，它在不到一年的时间里连演257场。几乎全国的剧团都在排《江姐》，仅在上海，就有6个剧团在同一时段同城演出。电台里放的是《江姐》，暖瓶上印的是"江姐"，连理发店大门上也写着"本店专理江姐发式"。江姐的红毛衣、长围巾，成了那个年代里姑娘们最流行的打扮。

一部《江姐》，激发了阎肃更高的创作激情。他一发而不可收，《红灯照》《忆娘》《胶东三菊》《飞姑娘》……40多年来，一部又一部剧作在阎肃笔下喷薄而出。剧中所咏唱的，都是像江姐那样丹心向阳、光彩夺目的中华儿女。

2008年，影响了几代人的《江姐》第五次复排上演。国家大剧院所有戏票在20分钟内一抢而空，剧院又增加了80元的站票，同样一瞬间被抢空……穿越时空，"江姐"这颗璀璨的明星丝毫没有褪色。新一代的《江姐》，一样地场场爆满，一样地掌声如雷，一样地台上台下泪光相映，歌

2015年12月10日，阎肃作品音乐会在北京举行，三代江姐扮演者在音乐会上一同演唱《红梅赞》。（新华社发　郭幸福　摄）

声相和。

忘我奉献，追寻光明，这是时代永恒的主题。开掘这些最珍贵的精神宝藏，化作最优美的华章，阎肃沿着这条光明之路义无反顾，一路向前。

1991年，阎肃担纲创作歌剧《党的女儿》。

其时，国际风云变幻。而在世界东方，迎来70岁生日的中国共产党正在中国特色社会主义道路上坚定前行。

此前，剧本已创作了11稿，均未获得通过。阎肃是在"最后关头""临危受命"的。时间紧、任务重、要求高，61岁的阎肃再次凝聚能量。三天一场戏，他写一场，交给作曲家们谱一场，演职人员排一场……18天，整部6场歌剧又是一气呵成！

阎肃要用手中的笔来回答：革命的火种为何能冲过一重又一重滔天浊

浪，照耀在世界东方？浓云惨雾中，中国共产党人如何擎起熊熊火把，迎来胜利的曙光？

深情的歌声仿佛跨越时空，唱进了新征程上千千万万共产党人的心窝里："你看那天边有颗闪亮的星星，关山飞跃一路洒下光明，咱们就跟着他的脚步走，走过黑夜是黎明……"

这部作品成为中国民族歌剧史上又一部经典。在广西柳州，《党的女儿》在一个剧院连续加演18场，观众们买不到票就在走廊上加座，不少观众一家三代人一起观看。许多党员说，《党的女儿》是一曲中国共产党人的正气歌，是一堂撼人心魄的生动党课。

歌声，点燃时代，照亮时代，穿越时代。

烽 火

阎肃最爱这样介绍自己："我是部队文艺战线上的一名老兵。"

23岁参军，85岁的阎肃是全军兵龄最长的老兵之一。超过一个甲子的军旅生涯里，他以笔为枪，用一个士兵的激情，战斗在自己的岗位上。

1958年，阎肃下部队体验生活，一待就是一年多。他跟着老兵们打背包、跑拉练，跟着炊事班养猪、种菜，跟着机务队拧螺丝、上机油，和飞行员、机务兵们成了"掏心掏肺"的朋友。

一个傍晚，放飞训练的战机陆续归航，只有他所在机务小组的飞机迟迟未归，全组人眼巴巴地望着晚霞尽头的那片天，没人走动和说话。看着战友们那渴盼的眼神，阎肃心中一动：我们的心都在天上，我们都爱这蓝天！

——他心中的情感仿佛一下子找到了出口：

"我爱祖国的蓝天，晴空万里阳光灿烂，白云为我铺大道，东风送我飞向前……"

2009年6月18日，阎肃在酒泉卫星发射中心高唱《我爱祖国的蓝天》。（郭幸福 摄）

这是阎肃"兵歌"的成名作。短短几行，写尽了飞行的英姿与潇洒，写尽了空军指战员的信念与豪情。今天，这首歌仍然是强大的中国空军的象征与经典。

62年，阎肃走遍大漠戈壁、雪域高原、北国雪山、南国雨林的一座座军营。他喜欢跟官兵们聊天：说笑话，讲故事，吹牛皮，聊得高兴了"手舞足蹈"，玩得高兴了"诡计多端"。战士们待他像爷爷，久了，更像个知心的大朋友，有什么心里话，都爱跟他讲，敢跟他讲。

那还是在1987年，阎肃到空军某师采风座谈，听到最多的竟是一句抱怨——

当时，社会上流行"造导弹不如卖茶叶蛋"的说法。官兵们委屈：上车让座、抢险救灾时我们是"最可爱的人"，可为啥一到平日里，就成了"傻大兵"？

阎肃心中震动，他深知这些可爱的战士——他们或者学历出众，或者家境富足，日常便装里也有皮夹克、牛仔裤，业余生活中也会弹吉他、唱摇滚……他们赶时髦、有梦想，同时也肯奉献、懂担当。这样一批优秀的小伙子舍弃了一切优裕来接受摔打、从军报国，他们才是真正的男子汉！

他要写一首歌，弘扬新时代官兵们的风采：

"我来到这个世界上没有想去打仗，只是因为时代的需要我才扛起了枪；失掉多少发财的机会丢掉许多梦想，扔掉一堆时髦的打扮换来这套军装……"

好歌就像长翅膀，《军营男子汉》没多久就飞遍了全军。空军蓝，海军白，陆军绿，有军营的地方就有《军营男子汉》。官兵们唱得腰杆笔挺，唱得扬眉吐气。

阎肃名气越来越大，上门求歌的人也越来越多。

曾有一家公司出价50万元请阎肃写一首歌。

阎肃回绝："最近实在很忙。"

商家说："50万不够，您尽管加价。"

阎肃摇摇头："真不是因为钱，真的没时间。"

他的时间去哪儿了？曾有人盘点阎肃一生1000多部（首）作品，三分之二都是军旅题材。这还不算他给无数部队写了无数首团歌、师歌、军歌——基层官兵的请求，他从不推托。

那是2002年，阎肃到一个航材仓库慰问，跟大伙儿越聊越热乎，官兵们拉着他的手，请他写首"库歌"。

山沟沟里一个一百多人的小仓库，有什么可写？阎肃却慨然应允：没有你们深山里的坚守，战鹰翅膀接不上、航油喝不饱，哪有展翅？怎能凯旋？

"金山的风，吹拂着我们美丽营院巍巍的雪松；青潭的月，照耀着我们亲手建设绿色的军营……"

这也许是阎肃作品中"传播面"最小的一首歌曲了，却已在这所小小的仓库里传唱了13年。战士们说：没想到我们这么小的单位，竟请得动阎老这样的"大腕"。

阎肃眼中，创作只有题材不同，没有分量轻重。再小的螺钉，也是战斗堡垒中不可或缺的一环。甚至，越是边缘和角落里，越掩藏着夺目的光彩。

一次部队夜间训练，有位飞行员的妻子随口说了一句："夜航，你们看不见的，我能听见。"

轻轻的话，落在阎肃的心上：飞行员的家属人称"望天族"，只要丈夫起飞，她们的心就悬在天上。然而，"爱他，就要爱他向往的蓝天"，当战鹰叱咤九天的时候，她们用无悔而无边的柔情与天上的他心心相印。

阎肃的笔，轻柔地落下："清凉寂静的月色里，是谁在长空吹玉笛？……拨动我心绪，揉进我惊讶，我知道那是你……"

他的笔下，机务兵、导弹兵、雷达兵、空降兵……几乎写遍了空军各个兵种，每个岗位都有独特的光彩，都有常人看不见的厚重情怀。

就这样年复一年，多少人唱着《我爱祖国的蓝天》长大，多少人唱着《长城长》参军，多少人唱着《连队里过大年》迎送着一轮轮寒来暑往，唱着《打赢歌》在训练场、演习场上流血流汗……战士们唱着他的歌，身板越来越挺，而他自己的背却越来越驼。

年岁渐高，腿脚不听使唤，进野战厕所蹲都蹲不下去。年轻人下部队不想带他，他急了："我还没老呢！拎个坐便器，哪儿都能去！"

说走就走，从不含糊。2014年春节期间，他又一次来到了江西某航空兵师，给官兵们"拜大年"，这时，他已84岁高龄。

薪　火

在壮阔的时代大潮中，个人的音符一旦融入时代的旋律，将迸发出时代所赋予的不竭灵感与熠熠光辉。

《敢问路在何方》简谱。

1984年，《西游记》剧组找上门来，请阎肃写首主题歌，他答应得痛快："这有何难！猴么，我4岁就知道猴！"

当天晚上铺开纸，落笔就是四句："你挑着担我牵着马，迎来日出送走晚霞。踏平坎坷成大道，斗罢艰险又出发……"

写到这里，卡住了。往下怎么接？阎肃穿双棉拖鞋，踢踏踢踏，从客厅踱到卧室，又从卧室踱回客厅，一踱就是两个星期。

儿子都不耐烦了："干什么呀，瞧瞧地毯都给走出条道儿来了！"

真的！回头一看，薄薄的地毯让他走出了一道浅浅的白印。鲁迅的那篇《故乡》闪了出来："其实地上本没有路，走的人多了，也便成了路。"

电光火石间，一句画龙点睛的话就跳了出来："敢问路在何方？路在脚下！"

一句敲定，全盘皆活。随着电视剧《西游记》的播出，它红遍了全国。"摸着石头过河"的改革开放初期，人们觉得它有说不尽的余味，唱的是唐僧师徒四人的韧劲，更是国人勇于探索、敢于追求的创劲。"路在脚下"，就此成为一个时代的格言。

他内心燃烧着一团火，时刻渴望着与这个大时代的碰撞，迸发出更大的激情。

阎肃的家中有整整一面墙的书架，全部塞得满满当当。易卜生的戏剧，"李杜"的诗选，托尔斯泰的小说，甚至民国时期的"三六九画报"……"万卷藏书"，是阎肃最为得意的财富，"我这人，杂食，吃嘛都香。"

除了看书，他还爱看戏。年轻时，他一到休息日就往戏园子跑，且胃口同样的"杂"：京剧、昆曲、川剧、清音、越剧、单双簧、评弹、梆子……哪个剧种有什么绝活，有什么精彩段落，他如数家珍。

他还爱看报。年轻时在图书馆看，后来就在家里看——他家订了十几份报纸，报箱都比别人家的大一倍。最愁苦是出差回来，家里报纸攒成山，他"点灯熬油"也要看完。

他总说："我是站在巨人肩膀上——"

一蓬衰草，几声蛐蛐儿叫，吃一串冰糖葫芦就算过节（《前门情思大碗茶》）——"这哪儿是我的，这是老舍的呀！"

它一头挑起大漠边关的冷月，它一头连着华夏儿女的心房（《长城长》）——"这哪儿是我的，这是李贺、王昌龄的呀。"

借我借我一双慧眼吧，让我把这纷扰看个清清楚楚明明白白真真切切（《雾里看花》）——"这是川剧《水漫金山》啊。"

蓝脸的窦尔敦盗御马，红脸的关公战长沙（《唱脸谱》）——"这是逛戏园子的'副产品'啊！"

……

无数摄影家抓拍过阎肃沉思的样子：或闭目，或皱眉，或撅嘴，或托腮，或茫然抱肩，或抵墙面壁……人们觉得"有戏"极了，"抓人"极了。阎肃却不以为然："你只看见我在'想'了，可要是肚子里没货，想破头也没用啊！"

集纳灵晖，传播薪火，这是心血的燃烧，是生命的历练。

抒写兵歌的老兵　　　　　新华社发　赵乃育　作

炬　火

不久前，一条因疏忽导致的"逝世"消息，让病床上的阎肃再次陷入舆论的喧嚣。各大网站先是集体转发，又是争相辟谣……

儿子阎宇那天接到了上百个电话，收到两三百条短信，看着昏迷中父亲那张安详的脸——如果父亲知道了这事，会是什么反应？

"那肯定是哈哈大笑：这叫什么呀？这有什么呀！"

在他洒满光辉的路上，一切都是那么通透。于他，人生不是一支短短的蜡烛，而是一支传递的火炬，哪怕蜡炬成灰，不息的火焰依然将传给下一代的人们……

在纪念中国人民抗日战争暨世界反法西斯战争胜利70周年大型文艺晚会《胜利与和平》的创排工作中，阎肃担任首席策划、首席顾问。

这是他近30年来承担的无数大型晚会中的一场。从《祖国颂》《回归颂》《长征颂》到《小平您好》《八一军旗红》《复兴之路》，还有21届春晚，26届双拥晚会……阎肃"招之能战"，担任总体设计、策划、撰稿，同时进行歌曲创作。

高强度的工作持续了近6个月，他跟着"儿孙辈"的同行们一起熬夜、吃盒饭，有时实在太累，他就趁间隙拼几张椅子打个盹，"20分钟后又是一条好汉"。

86岁的老搭档、作曲家姜春阳听说了，忍不住给阎肃打电话：老伙计，悠着点，别太累了！

电话里，阎肃回了四个字："我还得干！"

他还唱了起来："一阵阵春风一阵阵歌……"这是两位老人50多年前的合作，歌名，叫《我爱这战斗的生活》。

他一直在战斗，战斗在一条漫长的艺术战线上。

晚会获得了巨大的成功，9月3日晚，《胜利与和平》在北京人民大会堂上演，并通过中央电视台向全国乃至世界观众直播呈现。

9月14日晚上，阎肃7点多回到家，还饿着肚子。

老伴说："给你热点饭吃。"

阎肃说："左腿没劲儿。"

当晚，他被送进了医院。9月29日，阎肃陷入深度昏迷……

在他清醒的时候，阎宇曾问了这么一句："老爸，您自个儿还有什么想办的事没有？"

"唔……没有。"

"怎么可能？——我才活了您一半的年纪，就攒了一大堆想办的事儿了！"

"真没有！……我这辈子啊，好像没什么自己的事，全是组织的事。"

乍一听，阎宇觉得父亲"挺可怜"，再一想，他觉得老人"很幸福"。

一个人，一辈子，胸中这赫赫的火焰，能够汇入一个光明的时代，获得最尽情地燃烧，最蓬勃地喷发，他该是无限欣慰的了。

燃烧，是这位85岁老人的心魂；火，是他一生未尽的歌……

（2015年11月25日新华网）

"普通一兵"阎肃

◎ 黄 维 陈 苑 唐 平 李 岩

"奶奶，您说阎肃爷爷这次能挺过去吗？"今年上初二的小龙因为从小爱看《西游记》，对那首片尾曲《敢问路在何方》更是情有独钟，因此对老艺术家阎肃并不陌生。从《红梅赞》《我爱祖国的蓝天》，到《敢问

2015年9月11日，阎肃做客人民网。（陈苑 摄）

路在何方》《雾里看花》，剧作家、词作家阎肃的作品早已超越时代，成为永恒的经典。

在去年的文艺工作座谈会上，这位"80后"文艺老兵新解强军文化的"风花雪月"，至今让人记忆犹新："那风是'铁马秋风'，那花是'战地黄花'"，他下部队当兵一年多，与机械师、飞行员成为好朋友，谱写了心有灵犀的共鸣之作《我爱祖国的蓝天》；"那雪是'楼船夜雪'、月是'边关冷月'"，他一路走过鸣沙山、月牙泉、嘉峪关、玉门关，用脚步丈量巍巍长城，用心感悟戍边人的如山坚守，饱含热泪创作了《长城长》。65年艺术生涯，"一片丹心向阳开"，这是阎老成名作《红梅赞》中的点睛之笔，更是他人生信念和奋斗实践的生动写照。

今年9月11日，阎老曾做客人民网访谈，畅谈了自己的军旅生涯和艺术人生。近日，人民文化特别采访了阎老的亲人、搭档、好友及学生，通过他们的真情讲述，还原这位老人低调朴实、勤奋好学、平易近人、古道热肠、童心未泯的真实一面。

艺术恩师
"蜂儿酿就百花蜜，只愿香甜满人间"。

躬身为桥，挺身为梯。阎肃如同一棵深深扎根于艺术土壤中的大树，用自己枝繁叶茂的身躯，为后辈们遮风挡雨。

上世纪90年代初，初出茅庐的青年歌手杭天琪，凭借一首由阎肃为她量声打造的《前门情思大碗茶》，红遍了大江南北。杭天琪告诉人民网，自己第一次看到歌词，就眼前一亮，"词里面传达出的地道老北京味儿，让我这个土生土长的北京人立马热血沸腾了起来"。最让杭天琪难忘的是，当年阎老在录音棚里对她细致入微地指导，"他教我演唱时要带着戏曲的韵味，深抠每一处细节，甚至细致到每个小腔调该如何处理"。

著名歌唱家蔡国庆与阎肃亦师亦友，"老爷子是我非常热爱的一位艺术大家，我们俩是真正的忘年交。"谈起阎肃，蔡国庆很自然地唱起了那首老爷子给他创作的《北京的桥》，"卢沟桥的狮子呀最奇呀怪，你就数哇数哇数哇，怎么就数不过来……"1990年元宵晚会，蔡国庆因此歌走红。在20多年演艺生涯中，《北京的桥》一直是蔡国庆的必选曲目，这也让阎肃非常感动，"国庆啊，这首歌你唱了20多年，老爷子给你点赞。"

阎肃对文艺新人的无私扶持以及他对艺术传承的使命感，让青年歌手王铮亮感慨颇深。2014年的一档音乐节目中，王铮亮演唱了《喀秋莎》与《弹起我心爱的土琵琶》两首歌，作为嘉宾的阎肃听完后的认真点评，让王铮亮受益良多："有些革命歌曲不适合做太大的改编，像《弹起我心爱的土琵琶》这首歌，要质朴地唱。因为这些经典曲目在中国人心里已经打下了很深的烙印，改编节奏反差太大，反而无法透彻地表达原曲的精神"。

阎肃就像一盏温暖的灯，为无数后辈照亮前方的艺术道路，正如他在歌词中所写的："蜂儿酿就百花蜜，只愿香甜满人间"。

普通一兵

"从来没感觉'万众瞩目'，我就是个普通当兵的。"

在阎肃心里，自己从来都不是个名人，而只是一个普通的文艺工作者，一名空军老兵。

一件薄外套，一双黑布鞋，做客人民网当天，阎肃的衣着朴素一如平常。那天，恰巧也是人民网员工"乔迁"人民日报社新媒体大厦的日子，搬家的同事和工人来来往往，阎老边往里走边给大伙让路，对迎面而来的人，他会笑着主动打招呼，"您好！"有不少人认出了他，纷纷围过来要求合影，阎老爽快地"哈哈"大笑，来者不拒。当记者拿出相机时，阎老却突然摆手道，"等等！"说罢便脱掉外套，细心整理好里面的蓝色军

2010年5月9日，阎肃80岁生日，阎肃和儿子阎宇合影。（郭幸福 摄）

装，热情地招呼大家过来，"来来来，拍吧"。

种地的、卖菜的、站岗的、扫地的……阎老朋友多，人缘好，都源于他对所有人那份发自内心的尊重。"我尊重一切劳动者，这份尊重换来的也是人家对我的尊重。职业是没有高低贵贱的，干什么都能干出学问来。"在访谈中，阎肃认真地说。

"我从来没想过要当个什么'家'，我就是一个'者'，一个文艺工作者"，阎老对荣誉看得很淡。儿子阎宇和记者聊起，今年11月29日，中宣部授予阎肃"时代楷模"的称号，自己替卧病在床的父亲领回荣誉证书的那一刻，让他想起了5年前的一幕。当时，父亲也是受到表彰，阎宇特地赶回家祝贺，一进门，屋里却静悄悄的，老爷子和往日一样，一个人坐在书桌前看书，凝神而专注。阎宇好奇地问："您老获得这么高的荣誉没庆祝一下？"阎肃回过头，顿了下说："一辈子低调惯了，这么宣传我有点不习惯。主要我也没干什么。"5年前父亲坐在书桌前的背影和如今躺在病床上的身影重叠在了一起，阎宇有些心疼地感慨，"我厚道的老爸啊"。

"从来没感觉'万众瞩目'，我就是个普通当兵的"，阎肃如是说，亦如是践行。

有股钻劲

"我是个一辈子随遇而学的人"。

"读书破万卷，下笔如有神"，与阎肃合作过的人，对他的评价都众口一词。

用朋友的话说，阎肃是个"杂家"，用他自己的话说，"我是个一辈子随遇而学的人"。在部队里，拉过大幕、做过剧务、说过相声、当过导演……阎肃几乎是个"全能"。活到老学到老，阎肃坦言，自己心里始终有个目标，"干什么活我都想把它干好。好到什么程度？好到离了我不成。"

从学工商管理的"外行"，到著名的剧作家、词作家，一切成就都源于阎肃的勤奋积累。"年轻时，唐诗宋词我都是一首一首的背，川剧的唱词，我也是一本一本背下来的"，阎肃得意地说起，《雾里看花》这首歌的创作灵感就来源于川剧，"'慧眼'这个词就是我从川剧里面'偷'来的，如果不是'痴迷'川剧，我肯定写不出来"。

才思敏捷，文如泉涌，阎肃游走在传统诗词与流行文化之间，得心应手，如鱼得水。曾与阎肃合作过《故乡是北京》《唱脸谱》《前门情思大碗茶》等作品的空政文工团创作室一级作曲家姚明，谈起这位老搭档，钦佩之情溢于言表：阎老的作品绝不拘泥于一种风格，既有"春蚕到死丝不断，留赠他人御风寒"此类蕴含深厚文化底蕴的唱段，也有"我爷爷小的时候常在这里玩耍，高高的前门仿佛挨着我的家"这样朴实无华的大白话一样的句子，"阳春白雪，下里巴人，阎老都占了"。

博闻强记，知古通今，阎肃是众多青年歌手心中当之无愧的"偶像"。青年歌手平安对记者形容，阎肃就是"一座活图书馆"、"一间活曲库"："无论是民歌还是流行音乐，阎老都能把歌曲背后的故事娓娓道来，而且讲得很清楚"。

"他身上最突出的还是那股钻劲儿"，说起阎肃身上的优点，老伴李文辉特别有感触，"老阎是把学习当日子过的人，有时看着他每天伏案苦读的样儿，我就情不自禁地想起了负重前行的骆驼。"

时尚老头

"我怕我跟不上飞速发展的时代列车，我老想和时代同步"。

从革命年代走来，编过样板戏的阎肃对流行文化却毫不排斥，还可

2010年，阎肃在中央财经大学和大学生艺术团的同学们在一起。（郭幸福 摄）

以说是个"时尚老头"。很多跟阎老接触过的人都知道，他爱听周杰伦的《菊花台》《青花瓷》《千里之外》，他还喜欢李宇春并自称"老玉米"，他创作的《雾里看花》《北京的桥》也充满了时尚元素。

"我怕我跟不上飞速发展的时代列车，我老想和时代同步"，阎肃在人民网访谈中还透露，自己会想方设法去"捕捉"网络流行语言，所以，"点赞"、"吐槽"之类的网络新词会经常从他嘴里"蹦"出来。为了和时代接轨，阎肃还特别喜欢跟年轻人交朋友，"我喜欢和他们交心，一交流，我就能获得很多创作灵感"。

"《江南style》《小苹果》……阎老对一切新事物都充满了好奇，不仅跟随潮流，还去探究背后流行的原因。"空政文工团创作室的舒楠介绍，2008年，自己创作电视剧《十万人家》的主题曲时遇到瓶颈，阎肃建议他将歌写成"周杰伦式说唱音乐"，结果效果非常神奇，"阎老太超前了"。

一颗童心

"我觉得我的创作之路才刚刚开始，你们不是都叫我们'80'后吗？"

虽然年逾85岁，但在很多人眼中，阎肃却是个不折不扣的"老顽童"。

他性格率真的一面，在朋友面前表现得尤为明显。"有一次我们见面，我叫了他一声'阎老'，他马上装作不高兴的样子，对我说，'谁老啊，你还比我大一岁呢！'"与阎肃有着几十年交情的男高音歌唱家李光羲回忆说。

和阎肃打了几十年交道的女高音歌唱家耿莲凤，把他比作"活宝儿"："每次阎肃都会给大家讲笑话抖包袱，只要有他在场，气氛肯定很活跃。无论什么时候，只要一想起他，我就忍不住想笑。"

"他特别开朗、幽默，虽然比我年长几岁，但常常会像小孩子一样，心里从来没有愁事儿似的"，提起老友阎肃，男中音歌唱家刘秉义的思绪一下子回到了2014年的12月，"去年这个时候，我们还一起去参加央视跨年晚会，坐同一张桌子，谈笑风生，一会儿猜谜，一会儿演节目，阎老可开心了。他说段子给我听，我还没笑，他自己就哈哈大笑起来。我特别想念他"。

　　作为阎肃的老搭档，中央电视台春晚第一代导演黄一鹤向记者感叹，"我俩在一起创作时，遇到分歧，就会争起来，像小孩子一样。但话又说回来，一个艺术家没有那份率真、那份童心，没有追求真理的天真质朴的感情，就很难在艺术道路上走得更远。只有像孩子那样执拗较真、坚持真理、真诚对待艺术，才能做出好东西。"

　　阎肃做客人民网时，记者曾问到，"您最满意的一部作品是什么？"阎肃乐呵呵地回答，"我最满意的作品是下一部作品，我觉得我的创作之路才刚刚开始，你们不是都叫我们'80'后吗？"

　　——"争取活到100岁，我再写红歌15年！"

　　"阎肃爷爷，希望您早日康复，我和奶奶还想在电视上看到您呢！"小龙在微博上认真地写下了自己的期盼和祝福。阎老，小龙的心声，您听到了吗……

（2015年9月11日人民网）

使命战歌

◎ 李国文　李建文　郭洪波

初冬京城，雪映松枝。

空军总医院的一间病房里，仍然昏迷的阎肃安静地躺着。不大的房间里，《红梅赞》《我爱祖国的蓝天》《敢问路在何方》《军营男子汉》等十几首歌曲袅袅回响。曾经的呕心之作，如今成为呼唤这位老兵醒来的心灵之声。

85年走过的人生旅途，65年成就的艺术长卷，阎肃创作的一大批经典佳作，已融入这个伟大时代的滚滚洪流，与祖国的发展壮大同行。

拥抱大时代，高扬主旋律，他激荡了多少人的壮志豪情

阎肃创作的经典作品，何止《江姐》一部。国家文化部副部长董伟多次感叹："他每个年代几乎都有堪称精品的代表作，甚至越老越红……与时代同行，与人民同行，与祖国的发展壮大同行，这就是阎老永葆艺术青春的重要原因。"

"我爱祖国的蓝天，晴空万里阳光灿烂……水兵爱大海，骑兵爱草原，要问飞行员爱什么？我爱祖国的蓝天！"这首由阎肃作词的《我爱祖国的蓝天》创作于1959年，唱出了飞行员的自信和豪迈，至今仍是空军官

兵最喜欢的军歌，在群众中也广为流传。

1987年，中国处于经济转型期，有的人下海经商，有的人一夜成名。面对改革开放大潮，怎样唱出军人的时代风采？阎肃深入军营采风创作了《军营男子汉》，以战士的独白阐释从军光荣，唱出了改革开放初期官兵的精神风貌；

《我爱祖国的蓝天》简谱。

上个世纪80年代，改革开放需要进一步激励人们"敢试敢闯"的精神，他用电视剧《西游记》主题歌《敢问路在何方》，激发人们冲破思想枷锁、勇于探索实践的豪情壮志；

长期和平环境下，人们的国防意识在渐渐淡化，他用《长城长》，唤醒了多少赤子情怀；新时期的北京变化越来越大，他用《北京的桥》《前门情思大碗茶》《唱脸谱》等系列京味歌曲，唱出了"海归"的故乡情思；

香港回归，他用《香江明月夜》诉说着洗刷百年耻辱、游子重回祖国母亲怀抱的激动与自豪。

一首歌，一部剧，一台节目，能作为一个时代的艺术记忆留存下来，源于创作者对时代的主动拥抱、深刻把握和热情赞美。阎肃的作品标记了时代精神坐标，也触动了时代发展脉搏。

高歌队列中，心底在冲锋，他的"风花雪月"是为强军而歌

"行进队列中，昂首挺起胸，一身阳刚正气，威武又光荣。前进队列中，青春火正红，呼啸风花雪月，燃我强军梦。铁马秋风，激荡豪迈心胸；战地黄花，抒发壮丽深情；楼船夜雪，磨砺英雄肝胆；边关冷月，照我盘马弯弓。高歌队列中，心底在冲锋，战胜一切强敌，我是中国兵。"

这几天，与阎肃合作过100多首作品的老搭档、著名作曲家孟庆云正忙着为他的新作《风花雪月》谱曲。"何止是这一首《风花雪月》啊，阎肃的一件件作品都在生动诠释着军人当有怎样的'风花雪月'，歌词透着那个美劲儿啊，让我每次都为之惊艳！"

阎肃的"风花雪月"是强军文化的"风花雪月"，看似信手拈来的背后，实则凝结着阎肃毕生的创作追求。

空政文工团团长张天宇感叹："在人民空军发展壮大的每一个重要阶段，都有阎老的作品在记录和传唱，这真是太了不起了！这非有浓烈的军人情结做不到，非有真挚的空天爱恋做不到。"

的确，从20多岁创作第一首空军题材歌曲《只因为我的银燕是祖国造》，到《我爱祖国的蓝天》《军营男子汉》《长城长》《云中漫步》《当你飞行的时候》《天兵》《梦在长天》《我就是天空》《缀满红星的战鹰》《谁在长空吹玉笛》……阎肃一生创作的千余部文艺作品，有三分之二都是戴着军帽、穿着军装、走着正步、驾着战鹰的兵歌、战歌，革命军人的大爱情怀和英雄气概是歌声永远的基调。

2008年汶川抗震救灾，78岁的阎肃请缨参加。组织上考虑到他腿脚不

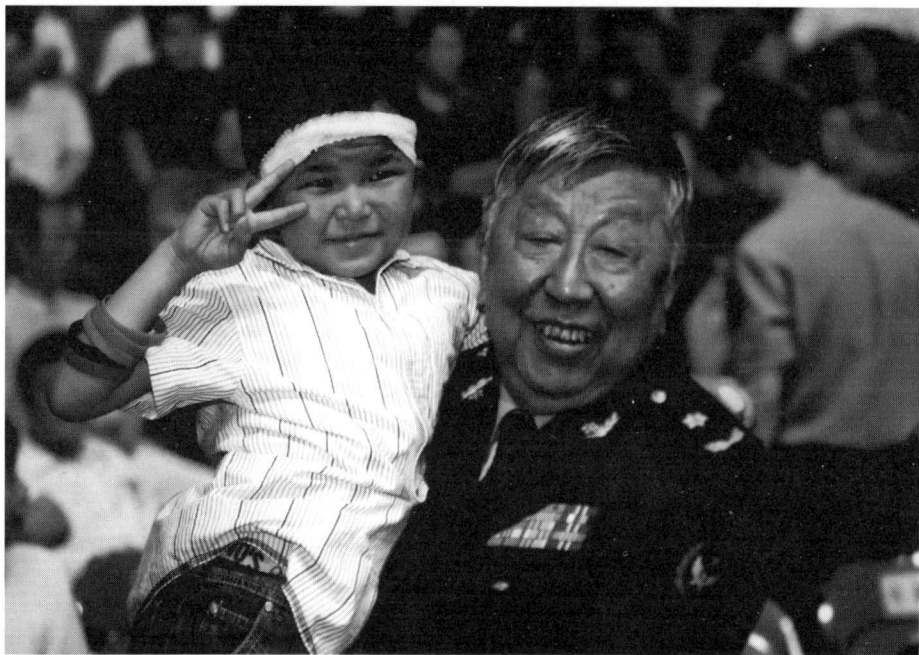

2008年5月18日，中央电视台汶川地震赈灾晚会现场。（郭幸福 摄）

便，没有批准。当他在电视中看到空降兵15勇士冒着生命危险从5000米高空跳伞营救灾区人民的事迹报道后，连夜谱写创作出《云霄天兵》。歌词充满军人舍我其谁、搏击云天的英雄情怀。

"我心有梦，我情有独钟。江山如画，把星汉尽揽怀中。我心有梦，我情有独钟，攀星摘斗，我夜夜遥望碧空，扶摇直上九万里，何惧那八面罡风。"人民空军成立60周年，阎肃从心底里写出这首《梦在长天》，英雄主义和浪漫主义碰撞融合，让多少空军人心生无限豪气血性。

阎肃一辈子最爱穿军装，最爱写军歌。中国戏剧家协会副主席、戏剧评论家季国平这样评价阎肃：他的军旅作品立意高、气象大，但内容不空，口气不硬，字里行间寓意深邃又明白晓畅，境界高远且尽得风流。

2006年，阎肃到某航空兵部队采风，适逢部队夜航。他在无意中听一位飞行员家属说："夜航你们看不见的，我能听见；你们看见的是天上的星星和地下的灯，可是我能听见他在九天之上呼啸长风的声音！"这句话让阎肃不禁心头一颤，一个"听"字给了他很大的启发，一首《谁在长空吹玉笛》随之流诸笔端——"清凉寂静的月色里，是谁在长空吹玉笛？一声声似断似续，一声声如丝如缕。拨动我心绪，揉进我惊讶，我知道那是你。我愿化身嫦娥，张开飞天羽翼……衷情陪伴你……为你歌一曲。"优美的词曲，将军人保家卫国的豪情与家属牵挂亲人的柔情巧妙地融合在了一起。

前些年军旅文艺"硝烟味"淡了，讲时尚的多，讲兵味的少。而阎肃却始终信奉：军队的文化工作者如果做不到"姓军为战"，就会变成无根的浮萍、无魂的躯壳。

"穿这身军装，我就要写军歌，这叫士为知己者死！"阎肃的话掷地有声。

心中有使命，胸中有激情，他是年轻人眼中的"不老男神"

"他始终恪守艺术家的良知，身上总是充盈着一股正气锐气，一种向上的劲头。"对此，著名军旅作家王树增有如此评价。

2012年，解放军电视宣传中心主办的一期《我爱唱军歌》栏目比赛现场，阎肃担任场上的点评嘉宾。一个由部队某单位选送表演的合唱节目，得到现场观众如潮的掌声。

阎肃的脸却越拉越长、越变越黑，当场质问领队："这是现场唱的吗？你们分明是在假唱，我为你们感到丢脸啊。"

原来，选送这个节目的单位为了保证表演效果，赢得比赛，提前录制好了声音。没想到，被阎肃一眼戳穿，当众丢丑。去年，在文艺工作座谈会上，阎肃直陈时弊："近年来，总有一种乱花渐欲迷人眼的感觉，社会

2007年3月，阎肃（右）在空军蓝天剧院主持蓝天四季音乐会。（郭幸福 摄）

上绯闻、丑闻、花边桃色，作秀作呕、低俗恶俗，纷纷闯入眼帘。聒噪不休，好像这才时髦夺眼球，甚至香臭不分、法纪不论，越黑越火，让我着实感到寒风瑟瑟。"

这是他郁积太久的心头块垒。强烈的忧患担当，他不能不说，不吐不快。

2007年，77岁的阎肃和40名著名艺术家公开站出来表明态度，联名倡导传承红色经典，抵制恶俗之风活动。他在多个场合痛斥："这就好比'地沟油''苏丹红'，不法商贩用它们做食品，在市场上赚取利益，害的是我们的下一代，害的是我们的国家！"言之凿凿，痛之切切。

难道是上了年纪的人对新事物、新思潮有"接受恐惧"？不是，阎肃这个时尚老头对流行音乐绝不排斥。周杰伦的《菊花台》《青花瓷》他很喜欢。他创作的《雾里看花》《北京的桥》，也是充满丰富的时尚元素。

阎肃多次担任过中国剧协曹禺剧本奖和小戏小品奖评委会主任。评奖时，他反复强调要坚守一个导向，那就是——不能光看到评了多少奖，开了多少花，而要真正看看这些作品对移风易俗起到了多大作用，在老百姓心中能留下什么，评选作品要不分出身、不看地位、不徇私情。

在一次评选中，一位名不见经传的小辈获奖了，而和阎肃个人关系很好的名家却名落孙山。阎肃自嘲："以后在路上遇见，可要遮住脸喽。"

近些年来，阎肃的身影时常出现在《星光大道》《红歌会》《我要上春晚》《天天把歌唱》《回声嘹亮》等央视和省市级的综艺电视节目上，是人们眼里的"大忙人"。

对此，多次与他一起担任节目评委的著名歌唱家蒋大为深知老人家的良苦用心："他是在依靠和利用电视这个大众传播平台，传播中国传统的优秀文化和艺术真谛。在他眼里，这里不仅是比赛舞台，更是人生课堂。在这个课堂上，面对文艺界'浮躁炒作、急功近利、投机取巧、粗制滥造、千篇一律'等一系列问题，他努力地用自己的方式，苦口婆心、竭尽心力地劝告青年人走做人做事的正道。"

每年的清华大学校园合唱比赛，阎肃都会现身点评。有人劝他，一个学校的大合唱难登艺术大雅之堂，何必劳身劳心有请必到？阎肃却说："这可是一些有家国之思的青年。未来，担当民族脊梁重任的还是他们，我有这个义务和责任来给他们加油鼓劲！"清华学子把阎肃视为心目中的"不老男神"，他当之无愧！

"枪林弹雨数十载，硝烟染得两鬓白。笑谈不提当年勇，豪放只抒今日爱。岁月沧桑人未老，依旧是烈火长风满胸怀。"心中有使命，胸中燃激情。阎肃的使命战歌，响遏行云。

（2015年11月26日《解放军报》）

朵朵放光彩

◎ 张玉清　张汩汩

请所有受访对象回忆老人的经典形象，结果惊人的一致："哈哈大笑！"

台前幕后，走到哪里，就把笑声带到哪里；一朵花开、一声鸟鸣，他也能兴致盎然——这笑声，源自胸襟的豁达，气象的开阔，身心的和谐。

至于做嘉宾、当评委，台上抖个"包袱"，他更是笑得最早，而且笑得最"开"。

"我常劝他，有的笑话根本不可乐，还'哈哈哈'，浪费精力，很伤身体的，80多岁了，不养生。"他的老友、著名导演黄一鹤说。

2003年，中央电视台军事频道推出《军营文化·奖杯背后的故事》，这是军事文艺题材访谈类节目的第一次尝试。

主持人是卫晨霞，她在台上"颤颤巍巍"地讲着，不停地看台下。

嘉宾席上阎肃"哈哈哈哈"笑得前仰后合。

"我心里踏实多了。"卫晨霞说。后来，这档节目获得相关频道节目评选的第一名。

有人说这种笑有"魔力"。文工团青年歌手刘和刚第一次参演歌剧，紧张得冒汗，一哆嗦，"东北腔"就出来了。

讲评时，阎肃笑眯眯地说："刘和刚不错嘛，给我们《江姐》增添了

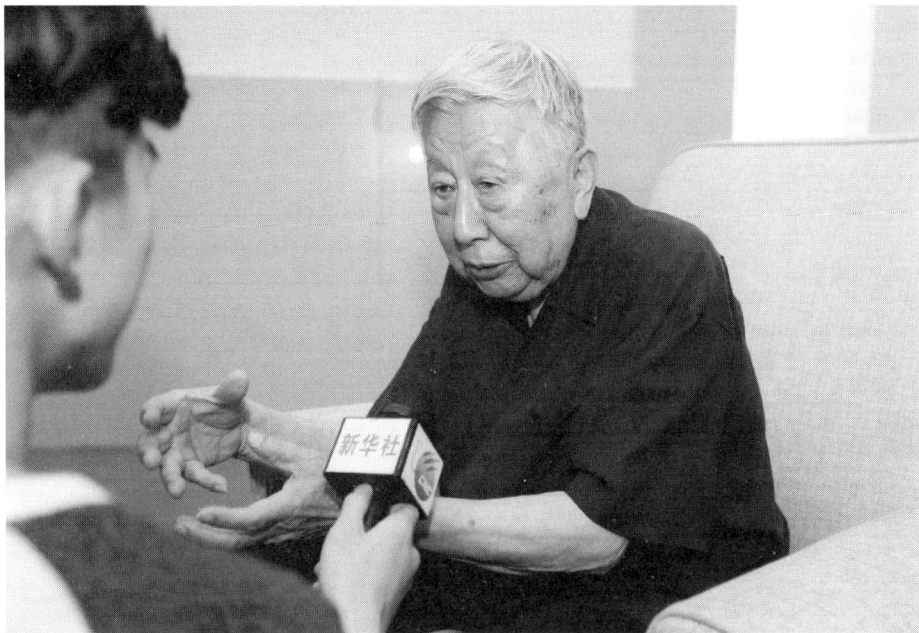

2015年7月26日，阎肃在人民大会堂接受新华社记者采访。（郭幸福 摄）

新的风味！"

哄堂大笑，刘和刚搞了个大红脸。可说也奇怪，"接下来的戏，竟然不紧张了"。

刘福波进空政文工团创作室，第一个任务就是与阎肃共同主笔一场重要晚会。署名时，阎肃很自然地把刘福波的名字署在自己前面。

"阎老，我是后辈呀，这……不合适。"

阎肃哈哈一笑："你是'50后'，我是'80后'，正合适！"

"我极少用愤怒和忧愁的情绪来对待世间事。"阎肃曾在一篇自述文章中这样写，"我是每日快乐、每夜快乐，身上快乐、心里快乐！"

最快乐的是文工团每年总结大会，不论奖项是大是小，也不管获奖者是老是新，只要你上台，一抬头总能看见阎肃在后排，两手举过头顶，大力鼓掌，下来后第一时间握住你的手，连声笑着："不错，不错！继续努力！"

但，他也不是没有"吹胡子瞪眼睛"的时候。

"懒！呆！散！"空政文工团团长张天宇至今记得那次，文工团创作组汇报会上，阎肃发了大脾气。

几个等着听表扬的年轻人傻了。

"数量、质量一点经不起推敲，天天在想什么？写作这个东西要是'向钱看'，绝对没有前途！"阎肃急得直敲桌子。

气消了些，阎肃继续讲，你们都是科班出身，灵气、技巧都比我强，可是很多东西，单靠"玩音乐"是"玩"不出来的——"光能'振动耳膜'的东西，留不住，历史证明了的。"

85岁的他就是从这样的"历史"中走过来的。

年少读书的日子里，重庆电台里天天播放的是"玫瑰玫瑰我爱你""如果没有你，日子怎么过"，而青年学子中悄悄传抄的，却是从"山那边"漫过来的《二月里来》《兄妹开荒》《黄河大合唱》……

为什么？因为它们紧紧连接着人民大众的心，因为它们声声传达着时代的呼唤，因为它们健康、进步、向上、阳光——无数青年就是唱着这样的歌曲，奔向了抗日救国的战场。而阎肃自己，也是在这样的感召之下，投身于革命的大潮。

"这就是进步文化的魅力。"阎肃这样归纳，它让人"在冲锋时有无穷的力量，在生活中有前进的动力，在成长中有精神的港湾"。

"一片林子，不能全是嗡嗡叫的知了，要有啄木鸟啊！"他苦恼地摇头，"我不想干了一辈子，回身一看队伍，后面没人了。"

2014年10月15日，文艺工作座谈会在京召开。阎肃的发言掷地有声："我们也有风花雪月，但那风是'铁马秋风'、花是'战地黄花'、雪是'楼船夜雪'、月是'边关冷月'。"

他还说，每一位以文艺为终身职业的从业者，都应该做到"四有"——胸有大业，腹有诗书，肩有担当，术有专攻。

而他自己，无疑是对这"四有"的最佳诠释者。

"阎老，你真是天马行空，没法弄！"2013年，作曲家印青接过阎肃递来的歌词，一看就愣了：板腔体，分明是戏剧风格嘛！

阎肃哈哈一笑，扮个鬼脸："嘿嘿，我给你找个麻烦，考验考验你！"

也对，阎老83岁了还能创新，自己为什么不能？印青真的"突破了一下"，曲风上完全打破套路，写成一个"别开生面的大合唱"。后来，这首《旗帜飞扬》成为当年"双拥"晚会的压轴曲目，获得一致好评。

"艺术家最怕的不是年龄的衰老，而是艺术心态的衰老。"印青说，而一颗纯洁真挚的童心，正是阎肃艺术之树常青的奥秘。

2010年7月25日，在庆祝空政文工团建团60周年系列演出中，阎肃与《军营男子汉》的作曲姜春阳一起演唱《军营男子汉》。（新华社记者 罗晓光 摄）

印青与阎肃多次合作，至今手机里仍保存着两人商讨文稿、反复交流的短信——日期最近的一条，竟是阎肃在一天凌晨3点多的回信："我又有想法，你看这样调整可好……"

"我赶紧说，阎老，赶快歇息吧！哪知他早上见到我说，他又想了一稿……"印青回忆，一篇歌词，阎肃经常要修改几稿甚至十几稿，有时所有人都十分满意了，他还要精益求精。

"我这么大年纪了，随便写一个，你们能说不好吗？但越是这样，我越不能应付，得写一个、是一个。"阎肃曾这样说。

种桃时精耕细作，收桃时却满不在乎。在旁人看来，阎肃对待自己已完成的作品，实在是有些"不珍惜劳动成果"。

一首歌词，他用了好大心思写成，精心打磨一番，交给曲作者之后就再也不闻不问了。曲子好听吗？由谁来演唱？流行起来了吗？阎肃一概不管。反响好的，他听了淡然一笑；有的歌没有"唱出去"，他泰然一笑。

交出去的歌词，他连底稿都不留一份，许多作品就这样，"连个尸首也没留下"。

"写完就'扔'。"阎肃说，"我一个人留下来有什么用？活在老百姓心里才算真的留下来了。"

他也从不出唱片集、作品集。"出那一本书有什么用？送人？没必要。卖钱？我不想挣这个钱。"阎肃说，"你的作品好，老百姓自然会替你出集子——在心里出。"

"个人的功成名就，对于艺术家来说是太低的境界。"印青说，"阎老追求的，是对国家整个文艺事业的推动，是对我们民族精神境界的提升。"

就像老人作品中所写的那样吧——"唤醒百花齐开放""朵朵放光彩"！

（2015年11月26日新华社电）

艺德高歌

◎ 刘　璇　李建文　林鸿观

　　那是他，其美文婉约灵动、豪放粗犷，有小清新，有边关月，大雅大俗收放自如。

　　那是他，其艺术或脑洞大开，或妙语连珠，酣畅淋漓间，个中有深意，谈笑鸿儒显风流。

　　那是他，其人生岁月，清水无香，却朴实无华，不为功名累，不以物喜，不以己悲。

　　那是艺德花开的情怀，那是思想迸发的声音。多年前，阎肃说，他最喜欢在晴好的日子里溜达到楼根儿底下，身子紧贴着墙壁，抬头往天上看——"红红的砖，连成一片，又高又宽都快挨着天了，而我是那么渺小，小的才那么一点点。"

他愿化身为一棵大树，深植厚土仰望星空

　　——"一旦确定了干什么，你就要学会'扎猛子'，不能浮在表面，要往根上去。"

　　他这样入戏。

　　"3841"号，无名无姓，却是阎肃被"关"在阴森幽暗的牢房里唯一的名字。手脚戴的是沉重镣铐，吃的是木桶装的菜糊糊，不能随便说话，

不能自由走动。拉出去"枪毙",为"牺牲"的战友唱《国际歌》、开追悼会……连续7天,阎肃在重庆渣滓洞里入了戏。

牢门外,来此参观的游客看着这个奇怪的"犯人",指指点点、议论纷纷;铁窗内,他却恍然不自知,仿佛正与许云峰、江姐言笑晏晏,互相鼓劲,谈心交心。

戏也诉说着他的人生。

当老虎凳上到第三块砖,就疼得浑身冒汗时;当摸着10根尖锐的竹签子,就能体会到锥心之痛时,阎肃在创作中已无法抑制自己的情感,灵感似汩汩泉水,下笔有如神助,又一部经典之作——京剧《红岩》一气呵成!

赵树理写过一篇文章,叫《论久》,讲的是深入生活不能浅尝辄止的道理。阎肃读完心有戚戚焉,扳着指头数,自己哪一个成功的作品不是从

2010年空军礼堂,阎肃事迹报告会成员接受官兵献花。(郭幸福 摄)

生活和岁月里"揉搓"出来的？

——《我爱祖国的蓝天》，是他下部队当兵一年多，把充氧、充气、加油统统学一遍，把擦飞机、卸轮胎、钻气道全部干一遍，与机械师、飞行员都成了好朋友之后，心有灵犀的共鸣之作；

——《军营男子汉》，是他和连队官兵同吃同住、无话不谈，终于掏出战士心窝子话"现在社会上总叫我们'傻大兵'，我们保家卫国怎么就傻了"之后，感情激荡的热血之作；

——《长城长》，是他一路走过鸣沙山、月牙泉、嘉峪关、玉门关，用脚步丈量巍巍长城，用心感悟戍边人的如山坚守之后，眼含泪光的理解之作。

"一籽落地，万粒归仓。一旦确定了干什么，你就要学会'扎猛子'，不能浮在表面，要往根上去。"阎肃在劝诫旁人，更是在三省己身。

岁月静好，佳作流金。阎肃就这样在时光中守住一颗初心，在生活中体味世间百味，用心用情、用全部的功力，去打磨自己的作品，也打磨着自己的人生。

他愿化身为一组列车，飞速驰骋永远追赶

——"我唯一承认的，就是我很勤奋，我认真对待每一分钟。"

有人赞他是"中华曲库"，有人说他是"最强大脑"。

晚会《胜利与和平》创作期间，同是核心创作组成员的著名词作家王晓岭惊叹："他怎么能对那些抗战歌曲那么熟悉？当我们都拿着歌本翻的时候，他张嘴就唱出来了。哪个是敌后战场的，哪个是正面战场的，哪些歌类似，彼此的不同又在哪里，他都信手拈来，了如指掌，简直神了！"

阎肃却头一摇手一摆："我哪有他们说得那么棒。我唯一承认的，就是我很勤奋，我认真对待每一分钟。"

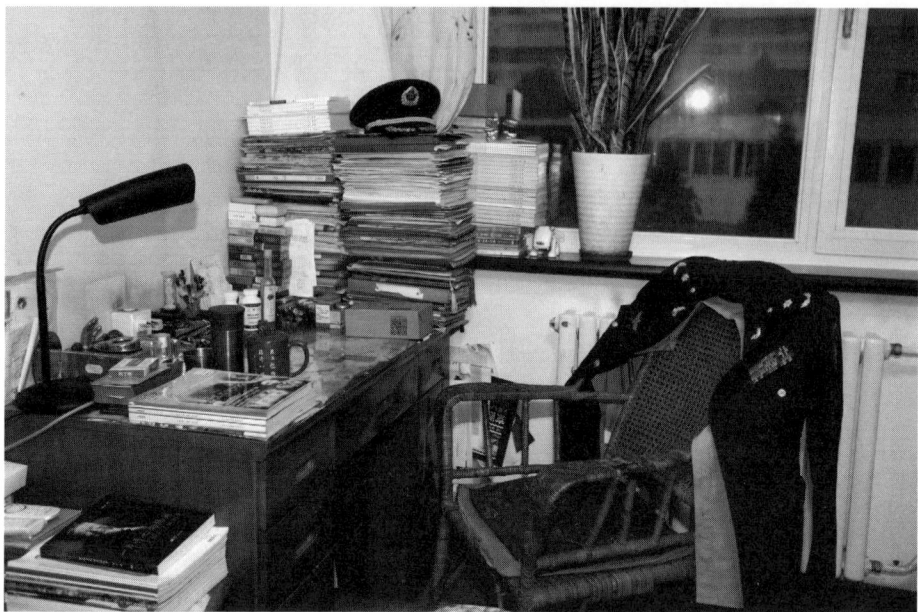

阎肃家书房一角。（郭幸福 摄）

驼背为证。妻子李文辉说："我看过老阎中学时的照片，身板挺直的。三十几岁的时候，老阎连一个休息日都没有，常常是一杯茶、一支烟，趴桌上一本书看一天。"

藤椅为证。颜色油亮，却斑驳不堪；左边扶手处的藤条，皲裂般断离；靠背上一块碗大的破洞，更是显眼，非一般的"坐功"能使然！

书山为证。书多，万余册藏书放满了整墙书柜，放不下就堆在床头；书杂，有易卜生的戏剧、托尔斯泰的小说、李杜的诗选、金庸古龙的武侠，甚至民国时期的"三六九画报"；书旧，虽然包上了厚厚的牛皮纸，可书页泛黄松动、边缘破损的不在少数；书"花"，圈圈点点、勾勾画画，灼满思想碰撞的火花。

除了书，他还爱极了戏。年轻时，他兜里的钱大都掏给了戏园子。别人看热闹，他却看门道；别人吃"精细粮"，他却大口大口地啃"杂食"：京剧、昆曲、川剧、清音、越剧、单双簧、评弹、梆子……什么都看，什么都学，包袱段子，如数家珍。

学海无涯苦作舟，终年的厚积，定有一日薄发。

1986年，电视剧《西游记》里的全部19首歌曲由阎肃一人捉刀，一句"敢问路在何方，路在脚下"家喻户晓——"没看过鲁迅先生的书，没读过《故乡》，我哪出得来这词儿呀！"

1990年的北京电视台春晚《京腔京韵自多情》上，阎肃一人就写了《故乡是北京》《前门情思大碗茶》《唱脸谱》《京城老字号》《外国人喝豆汁》等19首"京歌"："一蓬衰草，几声蛐蛐儿叫……吃一串冰糖葫芦就算过节"——"这哪儿是我的，这是老舍先生的呀！"

央视举办《商标法》颁布10周年晚会，要写个"打假"的歌，一圈人都摇头，阎肃的词却朗朗上口："借我借我一双慧眼吧，让我把这纷扰看个清清楚楚明明白白真真切切"——"《雾里看花》的这个'慧眼'，对不起，是我从川剧《水漫金山》里偷来的。"

……

生怕被飞速前进的时代落下，阎肃学习新知就像一组不断提速的列车。他学电脑，玩游戏，发微信，爱说"吐槽""太囧""杯具"之类的时尚新词。作曲家舒楠给电视剧《十万人家》写主题歌，阎肃支招："你为什么不把它写成周杰伦式的说唱音乐？"作曲家吴旋为舞剧《红梅赞》配电子乐，阎肃饶有兴味地点评："这个有意思，这个感觉好！"

活到老，学到老，勤奋到老，年轻到老，让阎肃迎来了艺术生命的逆生长……

他愿化身为一束麦穗，内心饱满姿态谦恭

——"一个人不管有多大的名气，千万不要摆架子，架来架去，就把

自己架空了。"

外出请假，回来销假。组织生活，一次不落。文工团开会，不论大事小情，他总是提前10分钟赶到。没有担任过一官半职，他却"辅佐"了十几任领导。

论资历和年龄，阎肃在空政文工团都是"第一老"，但他从来不把自己太当回事，一切都按规矩来。

说起阎肃，空政文工团原团长杨月林有件事印象很深。歌剧《江姐》在国家大剧院复排时，原本3个多小时的时长减到了两个半小时，一页一页的文字，一夜一夜的心血，说没就没了。减一段，阎肃挠头："这是在割我的肉啊！"再减一段，阎肃拍案："这是在砍我的头啊！"可新版《江姐》公演后，阎肃却中肯评价："配器更好了，舞美更美了，离时代更近了。"

说起阎肃，老搭档孟庆云有点"意见"："创作态度特别严谨，对劳动成果却不怎么珍惜。"一首歌词，花了好大心血写成，他交了稿子，歌曲由谁唱，唱开了没有，从来不闻不问。有

阎肃在歌剧《江姐》复排现场。（郭幸福 摄）

时候，问他要个底稿，他两手一摊，故作无辜："没留呀。"说多了他还不服气，反驳老友："自己留下来有什么用？作品好，老百姓自会替你出集子。活在老百姓心里才算真的留下来！"

说起阎肃，团里的年轻人都爱这个可爱的老头。歌剧《江姐》复排上演，一级演员孙维国扮演"华为"一角本已驾轻就熟，阎肃却劝他："突破一下自己，去演一把'甫志高'嘛！"为了尽快帮孙维国找到感觉，阎肃为他荐书荐戏，讲解分寸。孙维国记忆犹新，第一次在观众面前饰演大反派，心里没底的他偷眼瞧瞧台口，阎老正冲着他竖大拇哥呢！

如一束温柔低头的麦穗，谦逊姿态，饱满内心。谆谆教益，言犹在耳——

"一个人不管当多大官、有多大的名气，千万不要摆架子，架来架去，就把自己架空了。"

"得意时不能凌驾于组织之上，失意时不能游离于组织之外。"

"得之淡然，失之泰然，争其必然，顺其自然。"

……

对于老战友、老搭档、老朋友，阎肃也是时时放在心头。2010年，空军政治部为阎肃从艺60周年举办音乐会。本是主角，他却客串主持人，把几乎所有的合作者都请上了台，让观众认识他们的脸孔、听听他们的故事。

他给大家介绍《前门情思大碗茶》的曲作者姚明："虽然不会打篮球，作曲却是第一流。"介绍《军营男子汉》的曲作者姜春阳："这是我老哥，长我三岁。当年去西藏采风，人一路走一路丢，坚持到最后的就我们哥俩。"他介绍"川歌王子"陈晓涛："就是这小子，前前后后逼我改词好几遍。也得亏他的坚持，才有了《变脸》……"

9月29日，一直那么健朗、充满活力的阎肃突然倒下，牵动了无数人的心，也勾起了无限的思念。

"阎老，好想念咱们闷头创作的日子，我可没少吸您的'二手烟'啊！"空政文工团创作室副主任刘福波还有好多话想要倾诉。

"老阎，这次病好了，咱可不能再像从前一样逮啥吃啥啦！你得学学养生。""春晚"原总导演黄一鹤还在念叨。

"老伙计，我把咱俩写的《军营春秋》重新配器录制了。'人世间有谁能像我们乐观又豪迈，敢和那死神去握手'，你能写出这样豪气的词，我不信你醒不过来！"姜春阳仍在心中呼唤。

11月22日，歌剧《江姐》在成都锦城艺术宫上演，座无虚席，满堂喝彩。演员谢幕时，上千观众在"江姐"的指挥下，同声高唱《红梅赞》："红岩上红梅开，千里冰霜脚下踩。三九严寒何所惧，一片丹心向阳开……"

这再熟悉不过的歌声，阎老，您梦中可曾听见？

（2015年11月27日《解放军报》）

胸怀河山抒锦绣

◎ 王建柱

虽然身着戎装,虽然名叫阎肃,但他并非严肃得一本正经,与记者谈到即将到来的80寿辰时,他半开玩笑地感慨道:"我终于成了'80'后!"

这些年,电视观众一定会发现,适年过节,但凡有个晚会,那总撰稿或总编剧总是少不了阎肃。为此,同行们称他为"春节晚会专家",他也笑自己成了"晚会专业户"了。这个为全国电视观众年三十的一道"大菜"而苦心劳作的年已80的老人,原本却是一名文职将军,他的头衔是解放军空政文工团的一级编剧,著名剧作家。

阎肃从戎50余载,作品也可谓"等身"了。如今虽年已八旬,但他的创作激情丝毫未减。"祖辈曾漂泊,未改是乡音,走遍天涯路,都是客家人……"阎肃说,这是他为客家人写的一首歌词"四海知音"。

万卷书与万里路

阎肃1930年生于河北保定,10岁时随父母远走巴山蜀水,中学就读于重庆南开中学,后考入重庆大学。解放后参军到了部队文工团。1955年调到北京,进入空政文工团。他先做演员,继当队长,最后干上了创作员。几十年来，他以惊人的毅力，过人的聪明、阅读了大量中外文艺作品的文艺理论，特别是熟读唐诗宋词，这为他以后创作大手笔的佳作奠定了坚实的基础。半个世纪以来，他下连队、走营房，写出了无数脍炙人口的军旅歌曲。像《我爱祖国的蓝天》《军营男子汉》《长城长》等，不仅在部队，而且在社会上被广为传唱。这些歌气魄大、感情浓、叱咤风云、壮怀激烈，充分反映出作者对祖国、对党、对人民子弟兵的厚爱。除了相当多的军旅作品之外，阎肃创作的京味歌曲同样佳作甚多。比如《唱脸谱》《故乡是北京》《前门情思大碗茶》《雾里看花》等。这些歌词，写得纤巧准确，流水行云，令人陶醉。作家苏叔阳评价说："阎肃弄出来的歌词，大白话的居多，但他的大白话里满是学问，俗中见雅，耐人寻味。既不是白开水，又不装腔作势，是一首一首的诗！让人不得不服！"阎肃认为，好歌不是凭空而造的，它源自几十年的生活积累，同时也植根于博大

2010年5月9日，阎肃80岁生日，与夫人李文辉合影。（郭幸福 摄）

精深的中国传统文化，包括中国京剧等姊妹艺术。

"读万卷书，行万里路"。
我在创作上没有别的窍门，只有以上这八个字。

　　阎肃写歌声名显赫，同时还创作过好几出颇有影响的京剧现代戏。比如京剧《红灯照》《年年有余》和《红色娘子军》，其中的两句唱词如今他还念念不忘："五指山为什么不把五指握成拳，打死南霸天！"此外，阎肃还创作过现代京剧《红岩》以及《敌后武工队》等。他说：这些戏在当时的政治气候下是搞不好的。不过，其中也有一句半句的好唱段……说到这儿，他竟把《红岩》中的两句戏词唱了出来。这是许云峰在"赴宴"时对敌特唱的："这杯中红红的不是酒，是千家血泪万家仇！"虽然这词来自关汉卿《单刀会》中关羽的念白："周仓！这不是水，是20年前流不尽的英雄血！"但话用得这么地道，不着痕迹，可见阎肃精研熟记中国古典词、曲之一斑。

　　这些年，许多人问阎肃为何能创作出这么多好的剧本和歌词，其中有什么诀窍。他的回答是：古人说得好，"读万卷书，行万里路"。我在创作上没有别的窍门，只有以上这八个字。

歌剧《江姐》让毛主席知道了他的名字

　　写阎肃离不开歌剧《江姐》，这是他的成名作。此剧于1964年公演后，立即引起了轰动。那一曲"红岩上，红梅开，千里冰霜脚下踩……"的红梅赞，成了家喻户晓，人人传唱的经典歌曲。提到歌剧《江姐》的创作，这里面还有一段鲜为人知的故事呢。

　　1962年，阎肃创作了独幕歌剧《刘四姐》，拿到300元稿费，他和同事们到北京东来顺吃了一顿涮羊肉。酒过三巡，众人把目光转向阎肃："咱今儿'吃'完了'刘四姐'，明儿呢？"阎肃被同伴一语逗乐了："我刚看过《红岩》，里面有个'江姐'，排出来一定很有教育意义。"

一个月后，剧本初稿送给了当时的空军司令刘亚楼，刘亚楼当即要求："精雕细刻，一定要打响！"于是，阎肃怀揣剧本几下四川，多次采访小说《红岩》的作者罗广斌和杨益言，与江姐的原型江竹筠烈士的20多位亲属和战友谈得声泪俱下。用他们的话说，一个弱女子，如此铮铮铁骨，立在舞台上岂能不感人？！

经过两年的锤炼，1964年10月13日晚，毛泽东在周恩来、朱德、董必武、贺龙、陈毅等陪同下，在人民大会堂小礼堂观看了歌剧《江姐》。毛泽东看得很专注。第二天便接见了剧组的同志们。年底，剧组准备去南方

1964年，毛主席在人民大会堂小礼堂观看《江姐》后亲切接见阎肃等剧组演员。第三排左四为阎肃。（资料图片）

演出，毛泽东再次鼓励："我看，你们可以走遍全国，到处演，去教育人民嘛！"阎肃回忆道："在我的记忆中，一位共和国领袖对一出歌剧如此重视，的确不多见！"

两个月后，毛泽东想见见《江姐》的剧作者阎肃。

那是个静谧的周末之夜，阎肃去红旗越剧团看排练回来，穿一件旧棉裤，蹬一双老头鞋，绕过文工团附近正在盖房的工地，踩着一地的浮土，慢悠悠地踱回院子。一进门，他被两名女演员拉进了一辆车内："哎呀，找你找得我们好苦！""找我干什么呀？""去中南海！"阎肃一愣："那得让我换件衣服！""不用了，已经来不及了！"

阎肃就这样急匆匆地进了中南海。

毛泽东笑呵呵地走过来，握住阎肃的手。"那手掌真大啊！"阎肃回忆说："毛主席的大手温暖有力，整个儿包住了我的手……"毛泽东的手使劲地晃动着："你那《江姐》写得不错啊！"阎肃听不太懂湖南话，只是一个劲儿地点头，又一连串地谦虚："写得不好……写不好……请主席多批评！"毛泽东让工作人员取来一套精装的《毛泽东选集》送给阎肃。阎肃向毛主席深深地鞠了一躬……

一曲《敢问路在何方》使他家喻户晓

1983年《西游记》投入拍摄时，导演杨洁并没有想到让阎肃写这个剧的主题歌词。音乐编辑王文华约来了主题歌，让杨洁审查。杨洁看后觉得不大够劲儿，决定另找人写。王文华有些为难了，情急之中，不知是谁给他引见了阎肃的夫人——北京科学教育电影制片厂的医生李文辉。

阎肃当时写作正忙，可人家毕竟是通过老伴走的"后门"，阎肃答应了。他看过样片之后就开始琢磨：他们师徒四人，作为大师兄的孙悟空牵马走在前，师父唐僧在他身后，沙和尚挑着担子，善于倒打一耙的猪八戒跟在后头，于是，"你挑着担，我牵着马，迎来日出送走晚霞，踏平坎坷成大道，斗罢艰险又出发……"这些好似天然生成的优美字句便从他心底涌出。但刻意求新的阎肃仍觉得缺乏深度。阎肃苦恼地说："当时逼得我满屋子转。居然将地毯踩出条印来。"他猛然想起鲁迅先生的"地上本没有路，走的人多了，也便成了路"的名句，瞬间蹦出"敢问路在何方，路在脚下"的"点睛之笔！"有了这句，全盘皆活。

主题歌写好后拿到杨洁那里，这位电视艺术家一看大加赞赏。作曲家许镜清赋予了优美旋律。于是一曲《敢问路在何方》就这样传遍了千家万户，成为那时最为流行的歌曲。

从此，阎肃一发而不可收，创作了许许多多被人们传唱的歌词，包括曾经风靡一时的京腔京韵京曲。这些歌唱醉了听众，唱红了歌星，他也成为了词坛上公认的"大腕"。

老骥伏枥，志在千里

阎肃现住在北京西四环附近。走进阎肃的家，大厅宽敞明亮，南面窗台上一排绿色观赏植物益显生机。整个西面和北面的一部分摆放着书柜，装满各类文学、艺术作品，其中大多为朋友所赠，还有阎肃历年获得的奖杯、奖牌。房中央一圈蓝底白花沙发很素雅，也很舒适。这位戏剧家喜爱在这里读书、看报、阅剧本。旁边的写作间常常闲着，给可爱的龙凤双胞胎孙儿、孙女做作业用。

从1986年担任中央电视台《春节联欢晚会》撰稿到2006年为春节联欢晚会《今夜属于我们》作词，20年来，没有一个年三十能和家人团聚在一起。除了春节晚会，还有公安部晚会、总政全国双拥晚会、"3·15"晚会……他说："别人叫我'晚会专家'，实际上我成晚会专业户了。"

现在，阎肃依然很忙，忙各种晚会，忙中国戏剧节，忙青年歌手大

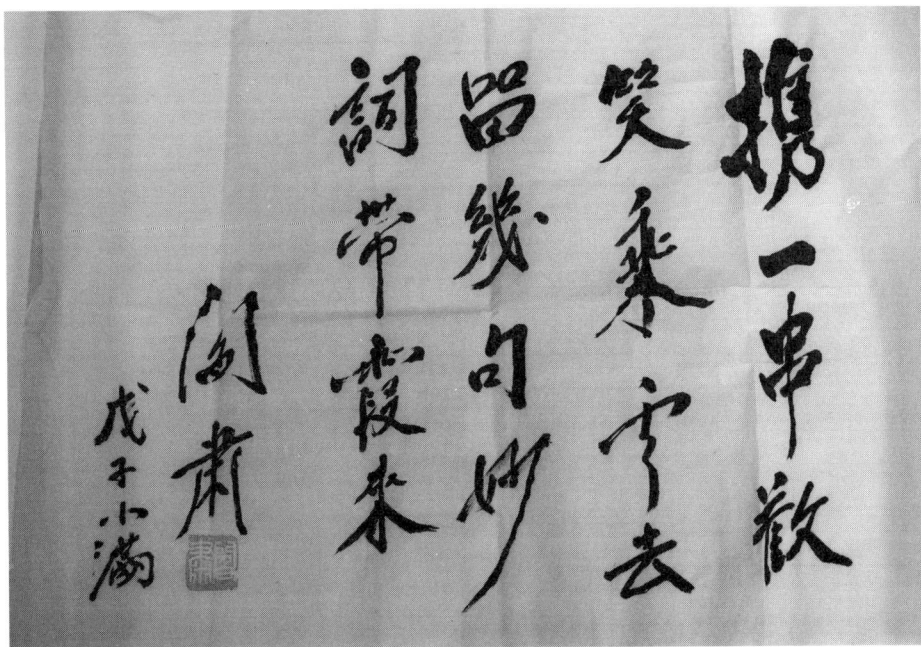

阎肃书法作品。

奖赛。不管在什么岗位上，他都兢兢业业地履行着自己的职责，总是把欢乐奉献给大家，却把劳累留给自己。多年来担任中央电视台各种比赛的评委，关注CCTV青年歌手大奖赛的人或许记得，历届青歌赛上，阎肃从评委到嘉宾再到监审，他幽默的言语、独到的思想、形象的比喻，给观众留下不少亮点。

阎肃天生的一个乐天派，说话幽默，爱开玩笑，他走到哪里，哪里就一片欢声笑语。"身体好，能干活，听招呼"，这是阎肃总结的受大家"待见、高抬"的原因，他说他还要继续靠这"三大法宝"发挥热量呢！

这就是阎肃，这就是诙谐的阎肃。

（2011年8月23日《中华英才杂志社》）

站在时代琴弦上的放歌者

◎ 刘小兵　郭　超

　　"白马褂、黑裤子，镜头前一位矍铄老者谈笑风生。浑厚而清亮的声音让闻者侧耳，笑逐颜开的神态让见者颔首。"两个多月过去了，光明网记者李丹依然清晰记得，当时采访空军政治部文工团创作员、国家一级编剧阎肃的情景。作为"深入生活扎根人民——百位文艺名家讲故事"栏目首期邀请嘉宾，85岁的阎肃十分敬业，在150分钟的拍摄过程中，他一气呵成，丝毫没有倦怠。

　　这不是阎肃第一次与光明日报打交道，他的"光明情缘"可以追溯到20世纪60年代，当时光明日报《东风副刊》发表文章称赞新创歌剧《江姐》，阎肃的名字从此频

可爱老头儿。（郭幸福 摄）

繁登上光明日报。2010年，在他从艺60周年暨80岁之际，光明日报用整版刊载对他的专访及其主要作品，一向低调的阎肃"被迫"高调了一把。而每次光明日报提出采访或约稿要求，他也是有求必应。阎肃认为，光明日报是传播正能量的重要渠道，他希望年轻人通过主流报纸关心国家大事。

弃学从艺、步入军营、扎根基层，在光明网的演播室里，阎肃的精彩人生随着他的激情讲述慢慢展开：从一名爱好文艺的青年学生，成长为一位"忠诚的部队文艺战士，德艺双馨的人民艺术家"；从一部荡气回肠的《江姐》开始，一发而不可收地创作《红灯照》《忆娘》《胶东三菊》等一部又一部的红色剧作；从一首传唱至今的《我爱祖国的蓝天》，到《军营男子汉》《长城长》《敢问路在何方》《故乡是北京》等脍炙人口的歌曲，这些都成为留驻几代人心底的集体记忆。

多少年来，他在全国观众面前都是身体硬朗、谈笑风生的"可爱老头儿"。他做总顾问总策划的"纪念抗战胜利70周年'9·3'文艺晚会"的旋律还在人们脑海中回响，他担任《星光大道》嘉宾时的画面还在电视屏幕上闪烁，他编剧的民族歌剧《江姐》正在四川各地巡演热映。然而，就在此刻，这位85岁的老人却因劳累过度突发脑梗，静静地躺在医院病床上。

毕生心血绣"红旗"

"爸，您有没有什么一直想干而没干的事呢？""没有。"

"那有没有什么遗憾？""没有。"

"怎么可能？""真没有，因为我一直都是组织让干什么就努力把事儿干好。"

这是阎肃昏迷前，与儿子在空军总医院的对话。的确，阎肃一辈子都在"听召唤、跟党走"。

哲人说，信仰就是生命车。一个人有什么样的信仰，就会选择什么样的人生，就产生什么样的行为。阎肃的信仰并非从天上掉下来，他的父母是忠实的天主教教徒，他从小受洗，在重庆一家教会学校读过5年书，原本学校准备把他推荐到高级修道院学习天主教，当作未来的"教父"培养。可是，阎肃后来的路却与此渐行渐远。

1946年，那是一个"追求进步就是民心所向"的年代，阎肃考取南开中学。在那里，他如饥似渴地阅读五四以来的新诗、老舍的戏剧、巴金的小说，最令他心驰神往的是红色延安传来的先进思潮。之后，他参加一系列进步学生运动，读《共产党宣言》《新民主主义论》，慢慢成为地下党外围组织的成员。

用阎肃自己的话来说，那时"我对共产党最朴素的心理就有了"。怀揣一颗朴素之心，他投身历次"反饥饿、反内战"游行，尽管镇压人员抡着带铁钉的大棒子，尽管流血牺牲冲突不断，忠诚信仰的底色却在一次次洗礼与实践中沉淀加深。最终从朝鲜战场的战火中归来的阎肃，如愿入党、参军，成为一名光荣的军队文艺战士。

谈及阎肃的信仰，著名军旅作家王树增动情地说："半个世纪前，阎老擎出一面红旗，此后，他用毕生的心血来绣，一针一线，一生一世。"

为纪念建党70周年，阎肃创作歌剧《党的女儿》，恰逢苏联解体、东欧剧变，有人劝他要慎重，可他非但没有动摇信念，反而激情创作，18天完成剧本。"你看那天边有颗闪亮的星星，关山飞跃一路洒下光明，咱们就跟着他的脚步走，哪管它道路平不平。""只要能为党报效，头可断血可抛，有什么天大的重任我来挑！"总政歌剧团原团长、作曲家王祖皆认为，这些唱词充满了阎肃对党的忠诚。阎肃则说："当时，我的脑子里没想别的，就想告诉人们什么叫共产党、共产党在哪儿、共产党员什么样。"

2009年，在国庆60周年大型音乐舞蹈史诗《复兴之路》创作过程中，阎肃又以79岁的高龄，领衔文学部主任。时任该剧总指挥的国家文化部原副部长陈晓光说："考虑到阎肃的年龄，我本想让他做顾问的，可他坚持要求到创作一线去。那一年，他起早贪黑，一丝不苟，创作的《我的家园》《马兰谣》艺术效果特别好。"对这段高难度创作，阎肃是这样形容的："一路发烧般走过来，始终热度不减。"

入党前，阎肃认为共产党了不起，崇拜党；入党后，觉得自己离党员的要求差得挺远，凡事以共产党员的标尺丈量自己。空政文工团团长张天宇回忆说，平时阎肃的社会活动非常多，但每次出去时，都会打电话给他请假，"团里有他这样的老同志，是一笔宝贵财富"。

这次得病住进重症监护室之前，他特别对儿子强调："不管我遇到什么情况，不准你们跟组织上提一点要求，我把这一生完全彻底地交给组织，组织上已经给予我的太多，我却回报太少。"

吹响时代的"号角"

"战斗的烽火淬炼着我们钢铁的翅膀，英雄的旗帜飞扬着我们忠诚的信仰。"这是阎肃最新创作的一首关于空军的主旋律歌曲。据演唱者、空政文工团演员刘和刚说，阎肃在20世纪60年代为空军创作的《我爱祖国的蓝天》，已经传唱半个多世纪。阎肃认为在新时期需要有新的歌曲来表达当代空军对党的情感。于是这首昂扬明快、富有时代气息的歌曲诞生了。

阎肃在空军某部队采访创作。（谭超 摄）

"作为一名文艺工作者，应该经常反思自己的作品是不是走在时代前面，是不是符合先进文化的前进方向"，这是阎肃65年艺术生涯的真诚告白。

1962年，国家刚刚

经历3年困难时期，许多人困惑：新中国该往哪里去？共产党、社会主义好不好？阎肃受小说《红岩》启发，决定创作《江姐》，为我们的党提一提气，为人民鼓一鼓劲。虽然当时社会上已经有多个不同艺术门类的《江姐》，但阎肃对那个时期的重庆生活熟稔于心、对革命先辈非常崇敬，他充满自信："即使是炒冷饭，我也要炒得好吃。"伏案18天，阎肃完成《江姐》初稿。拿回团里讨论，许多人感动得落泪。阎肃又怀揣剧本，和编导人员几下四川，与江姐原型江竹筠烈士的20多名亲属和战友座谈，并多次采访小说《红岩》的作者，终于创作出经典之作《江姐》，创造了中国歌剧史上5次复排、演出1000多场的奇迹，它歌颂的"雪压不弯、风吹不倒，信念不变、矢志不移"的"红梅精神"，影响和教育了一代又一代人。

改革开放初期，阎肃借为电视剧《西游记》写主题歌的机会，向社会宣传我党的方针政策。主题歌《敢问路在何方》以艺术的形式告诉人们，改革的路就在脚下，鼓励人们勇敢往前走；创排歌剧《特区回旋曲》，反映经济特区的建设成就，歌颂改革开放。

一切经典的作品都是时代的产物，无不打上时代的印记。"阎老是最能把握时代脉搏的一个作家。回顾他的作品，不论是立意，还是创作手法，都是紧跟着时代又具有引领效果的。"著名作曲家温中甲如此评价。

主旋律的作品每年都有很多，但是真正能够深入人心的却不多。在阎肃看来，当下的主旋律歌曲太喜欢直白的歌词。如何创作出能永久流传的红歌经典？阎肃这样总结他对主旋律作品的看法："主旋律作品要入心，首先要入耳，要像涓涓清泉滋润人心。"此外，文化艺术创作不能冷落人心，而主流价值观恰恰来自人心，人心中的那种美好、善良、真诚，正是核心价值观的基本内涵。近些年，阎肃在光明日报陆续发表一系列文章，关注文艺健康发展，如2006年的《十位文艺界名人呼吁——打击盗版从我做起》，还有不少评论当下某些电视栏目优劣的文章，激浊扬清，始终高唱主旋律。

"要让好歌成为时代前进的号角。"阎肃扛起一个艺术家的使命和责任。改革开放之初，人们感觉军装掉价了、军人贬值了，他用《军营男子汉》的响亮歌声告诉人们，天下最棒的男人是军人；长期和平环境下，人们的国防意识渐渐淡化，他创作的一首《长城长》，唤醒了多少赤子情怀；当社会上有一阵子恶搞红歌、歪曲主旋律时，他站出来坚决抵制，并在歌坛发起"大唱红歌、抵制恶搞"的倡议，还连续3年担任中国红歌会评委；面对海峡两岸的融冰之旅，他用《故乡是北京》《前门情思大碗茶》等京腔京韵的歌曲，呼唤着多少海外游子思念祖国母亲的心。

"在共和国的每一个历史时期，阎老都有代表性的作品问世，并流传至今。这些蔚为大观的杰作，足以构成中国音乐史册中最华彩的乐章。"北京军区政治部文工团词作家王晓岭说。

走到哪里都像"一团火"

"有思想""有学问""有办法""有魅力"，中国音乐家协会副主席孟卫东将阎肃称为"四有新人"，他最喜欢阎肃的第四点——"有魅力"。"阎老的魅力在于他有趣味，懂幽默，很随和，易沟通，和他在一起工作是一件特别愉快的事情。"

阎肃的这种魅力，让每个与他有过接触的人印象深刻。大家都说每次看到阎老都是朝气蓬勃的，他走到哪里都像"一团火"。

"阎老给我们的启示就是，要想保持旺盛的创作生命力，就要做到文艺各个行当无所不涉猎，广种而多收，种的面积很大，同时单位面积产量又很高。"北京人民艺术剧院原院长、著名剧作家刘锦云说，"从这个意义上说，阎老堪称'劳动模范'。正因为他的勤学苦练，才有了多产优质的创作。"

阎肃与年轻演员合影。（郭幸福 摄）

从1986年开始，几乎每年的"春晚"，阎肃都是核心创意人员、评审专家。每年的除夕夜，他都是在央视的演播大厅度过的，直到大年初一凌晨三四点才赶回家。导演黄一鹤讲了这样一件感人的事：有一年阎肃正在筹备央视春晚时，家里来电话说母亲病危。他刚要买票回家，却得知母亲已经去世。他强忍悲痛，没有回家，把母亲辞世的难过心情静静地收起，全身心投入到工作中去，为千家万户送去欢乐和祝福。

1999年初，总政艺术局组织专家巡回全军各部队审查指导参加全军文艺会演的节目。阎肃对所有样式的剧目和节目，无论是歌曲、戏剧、小品、相声，还是杂技、魔术，都能谈出恰如其分的意见，都能出新点子、出新招，让大家佩服得五体投地。二炮政治部文工团原团长、作词家屈源对阎肃推崇备至："这不仅是水平，更是一种胸怀。阎老无论在什么场合，总能敞开怀抱，把他的经验和想法无偿提供给大家。阎老85岁的人了，没有一点儿老态龙钟的样子，才思一直不枯竭，越活越精彩，越活越达观，越活越睿智。"

进入新世纪，阎肃担任过众多比赛和评奖活动的评委。作为评委，他是出了名的"只认作品不认人"。此外，他还告诫其他评委不要搞小圈子："评委就不该把圈子带进赛场，如果真要画圈子，你就画个大圈子，把所有的小圈子都画到自己的大圈子里，把所有的选手都画进去，这才算本事。"

80多岁的阎肃笑称自己是80后，生活中的他确如80后年轻人一样，热情拥抱新事物，因此嘴里常会蹦出"偷菜""雷人"一类的词语。他坦承，自己喜欢李宇春，是个"老玉米"。渴望新知的他，把阅读和求知看作是最快乐的事，感到乐趣无穷。书籍不仅为阎肃带来创作上的帮助，也是他的"精神故乡"。阎肃认为："心灵上的故乡，都是在我们的先贤笔下。像鲁迅先生、老舍先生、曹禺先生、巴金先生的作品，我从小就读，真是长见识，长知识，长学问，而且长性情。从中，我还学到了做人的道理。"

阎肃总说，永远要有一颗童心。他总是像孩子一样快乐，极少用愤怒和忧愁的情绪来对待世间事。他的生活很简单，粗茶淡饭、布衣棉衫。他和人相处也遵循简单的原则，不逢迎、不抱怨，坦诚相待。一场春雨，几片落红，南飞的大雁，西沉的落日，阎肃都觉得是那么的新奇美好，这也许就是他能永葆创作之树常青的秘诀。

传好艺术"接力棒"

"当我看到好的作品，就会有一种冲动，想把它推出去，让人们都知道它，都欣赏它。《常回家看看》就是这样被我推上春晚舞台的。"阎肃说，"那年，歌手陈红拿着这首歌找到我，当时我一看就觉得是首好歌，就推荐给总导演陈雨露。歌曲一经推出，反响强烈，感动了很多人。这样的事，几乎在我策划的每届春晚都会发生。"

阎肃始终以培育新人为己任，不仅在艺术上手把手毫无保留地传授，而且用人格的魅力感染和教育青年演职人员，团里搞一些大的活动，他都把年轻人往前台上推。《江姐》5次复排，他都默默地站在幕后，甘当人梯，乐做嫁衣，用50多年的心血把一代代"江姐"送上舞台。今年9月28日，在住进重症监护室前一天，阎肃还躺在病床上为年轻后辈修改歌词、指导创作。

如今已是空政文工团副团长的陈小涛还记得多年前刚来团里时，发现团里的生活条件比较差，住的是平房，有些失望。"我们刚放下背包，阎老他们就到宿舍来看望我们，对我们嘘寒问暖，送来大衣给我们御寒。"陈小涛的眼中已泛起泪花，那时正好快过年了，阎肃还提议让团里的老艺

2010年7月25日，庆祝空政文工团建团60周年系列演出。图为阎肃和宋祖英在台上。（新华社记者 罗晓光 摄）

术家们，从各自家里送一道菜来，"阎老那时从家里拿来的是八宝饭，香甜的味道至今难忘。"

"论资历和年龄，阎老在团里是最老的。在年轻演员的眼中，他既是一位德高望重的导师，又是一位乐于助人的朋友，还是一个和蔼可亲的长者。"空政文工团原团长杨月林说，阎老把将艺术的"接力棒"一代一代传给年轻人，作为自己义不容辞的责任。

伊泓远是空政文工团演员、第五代江姐扮演者。在排练中，由于年龄、阅历的差异，她对整个剧理解不够深刻，特别是对江姐的内心感受和心理变化把握不准，压力非常大，一时间产生放弃的念头。关键时刻，阎肃帮助了她。他坚定地对她说："你年轻，没有失败！"伊泓远回忆，阎肃教年轻人很有方法和耐心，厚厚的剧本，每一幕、每一场、每一句、每一个字，他都非常认真地讲解，直到演员理解了为止。

"阎老对我们小辈的关心体现在点点滴滴，他抽烟，但是从来没有在我眼前抽过一根烟，这是对声乐演员的保护。"空政文工团演员、第五代江姐扮演者的王莉对这个小细节记忆犹新。

阎肃怎么对待生活，生活也怎么对待他。他很得意身边人对他的态度，用他自己的话说，他们都喜欢我。阎肃至今没出过个人的作品集，无论是戏剧还是歌曲，无论是书还是光盘。他灿若星辰的艺术履历都传贮在人心中，传贮在生活中。

有人评价，阎肃的创作一直在追赶时代，弘扬正气，他是那个真正站在时代琴弦上的放歌者。一个人的生命是有限的，但一个人的精神可以无限。阎肃昏迷了，但他的生命却已伴随着他的作品，融入这个伟大时代的滚滚洪流，与中华民族奋力前行的每一个音符一起跃动。

（2015年11月24日《光明日报》）

歌为心声　歌如人生

◎ 任晶晶

塑造英雄，首先要塑造自己；丰富别人的精神世界，首先自己要有强大的精神力量。阎肃85年的漫漫长路、65年的艺术人生，像一部厚厚的人生长卷，读不完、品不尽、道不够……贯穿其中的对人生、对创作的深切感悟和矢志坚守，成就了阎肃艺术的"高度"和"长度"。

一段旋律，一位歌者，一种情怀观照时代

一生放歌时代，堪称德艺双馨。从艺65年，阎肃与新中国一同成长，他以兢兢业业的深情创作，把自己宝贵的精神宝藏化作优美的华章，他用简洁形象的诗句，唤起人们对时代前进的渴望。

1962年，全国人民刚刚经历了三年困难时期，在这样一个时代大背景下，阎肃想，能不能创作一个有力量的戏，为我们的党提气，为人民鼓劲。阎肃从当时风行全国的小说《红岩》中得到灵感，决定以小说中的主人公江姐为主线，创作一部歌剧。那是新婚后的第一次探亲休假，阎肃趴在炕桌上奋笔疾书，思如泉涌，整整18天，歌剧《江姐》的剧本一气呵成。剧本写作仅18天，打磨、谱曲、排演却用了将近三年。1964年9月，由阎肃编剧、作词，羊鸣、姜春阳、金砂作曲的歌剧《江姐》公演，旋即

2015年7月26日，阎肃在人民大会堂敦煌国际音乐论坛现场致辞。（郭幸福 摄）

引起轰动，一年内连演200多场，观众无不热泪盈眶，拍手称道。优美跌宕的旋律、饱含深情的歌声、生动逼真的舞美、气势恢宏的交响乐，《江姐》艺术地谱写了"中国歌剧史上最经典的革命浪漫主义英雄史诗"。

"线儿长，针儿密，含着热泪绣红旗……"《红梅赞》《绣红旗》《春蚕到死丝不断》《五洲人民齐欢笑》等歌剧中的这些经典唱段被几代人不断吟咏传唱。《江姐》产生的影响，远超出一部歌剧所带给人们的审美经验，以江姐为代表的一大批中国共产党人所展现的红岩精神，已经成为民族精神的一部分，鼓舞着一代又一代人。

1991年，阎肃担纲创作歌剧《党的女儿》。其时，东欧剧变，苏联解体，国际风云变幻。又是一个18天，他3天写一场戏，与作曲家和演员们合作，很快完成了整部戏的创作排练。作曲家王祖皆说："天命之年，

3天一场戏，没有坚定的信念，没有饱满的热情，是完成不了的。"而阎肃则说："当时，我的脑子里没想别的，就想告诉人们什么叫共产党、共产党在哪儿、共产党员什么样！"歌剧《党的女儿》登上献礼中国共产党建党70周年的舞台，又一次盛况空前，引起轰动。深情的歌声仿佛穿越时空，唱进了新征程上千千万万共产党员的心窝里："你看那天边有颗闪亮的星星，关山飞跃一路洒下光明，咱们就跟着他的脚步走，走过黑夜是黎明……"这部描写半个世纪前共产党员与敌人顽强斗争的歌剧，成为中国民族歌剧史上的又一部经典之作。

改革开放之初有一段时间，社会上感觉军装掉价了，军人贬值了，阎肃用《军营男子汉》的响亮歌声告诉人们，天下最优秀的男人是军人；在长期和平环境下，人们的国防意识渐渐淡化，阎肃用一首《长城长》唤醒了多少赤子情怀；面对改革开放初期"是姓社还是姓资"的思想困顿和迷茫，他借电视剧《西游记》主题曲《敢问路在何方》告诉人们：改革的路就在脚下，激励人们勇敢往前走；面对海峡两岸的融冰之旅，他用《故乡是北京》《前门情思大碗茶》呼唤着亿万海外游子思念祖国母亲的心。

有人说，创作与其说是一种创造，不如说是一种寻觅——寻觅人们心底的声音，聆听社会的呼吸，扣准时代的脉搏。从阎肃的作品中，我们看到他的创作始终根植于火热的生活，敏锐地感受社会生活的发展变化，深刻认识生活的本质规律，通过崭新的艺术创作和创造，反映鲜明的时代主题。

一张书桌，一支妙笔，"才高八斗"源于勤勉

对阎肃的亲人、同事进行采访时，他们谈论较多的是阎肃的才气。剧作家周振天认为，能在60岁的年纪创作出《雾里看花》这样的作品，让人佩服。这一作品实则为一首"打假歌"，为央视纪念《商标法》颁布10周年的晚会而作。而阎肃却把这一命题作文，写成了极富哲理、充满新意

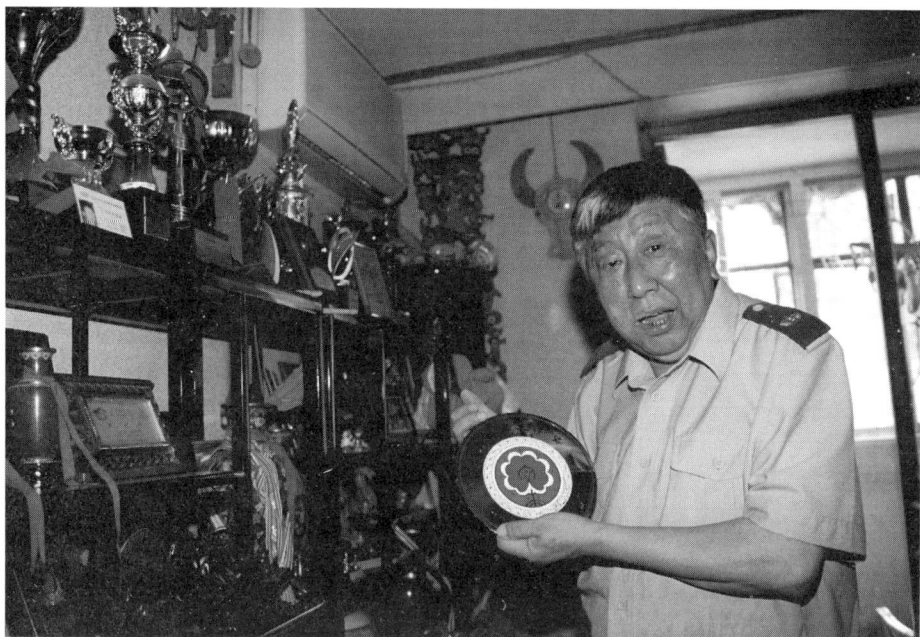
阎肃在家中说起奖杯如数家珍。（郭幸福 摄）

的作品，其艺术价值在词界一直被广为称赞。此外，像歌颂改革开放后北京翻天覆地变化的《北京的桥》，用通俗易懂的语言表现京剧特点、弘扬国粹的《唱脸谱》，以及歌颂科技工作者、令人潸然泪下的《马兰花》等作品，阎肃总能从意想不到的角度入手，娓娓道来，引人入胜。剧作家苏叔阳认为，阎肃的歌词，大白话的居多，但他的大白话里满是学问，俗中见雅，耐人寻味，既不是白开水，又不装腔作势。中央文史研究馆馆员陈晓光评价，阎肃善于选择平凡的视角，用平凡的语言，塑造出不平凡的意境，讲出了不平凡的话，揭示了不平凡的思想哲理，抒发出了不平凡的情感。文化部副部长董伟认为，阎肃既能延续中华民族的优良传统，又能够随时代发展与时俱进，与时代同行，他有着强烈的创新意识，可以永葆思想和精神不老，这是他最显著的创作特点。

从1984年开始，阎肃又开始参加各种大型文艺活动的创意、策划、撰稿工作，参与策划了21届央视"春晚"、26届"双拥晚会"和7届全军文艺汇演等。他成为大家心中的"点子王"、"活字典"，是团队的"主心骨"。

在阎肃的儿子阎宇看来，父亲的才气源于勤奋坚持的品格。"我爸其实就是一个普通人，但又有一些不普通的地方，85岁还在上班，这点就和一般人有点不一样。"在阎宇眼里，父亲阎肃的大多数时间，都是坐在书桌前，要么在看书，要么在写东西，打小就没见过他干别的。要说父亲一直没有被淘汰，只能是得益于不断地学习，且对每一件工作都认真对待。在阎肃夫人李文辉的眼中，阎肃身上最突出的就是那股钻劲儿，他是把学习当日子过的人，有时看着他每天伏案苦读的样子，令人不禁想起负重前行的骆驼。不知道是不是这个原因，把他变成了驼背。可以说，阎肃没有休息日，常常是一杯茶、一支烟，一本书看一天。即便是现在，也是每天看书到夜里一两点。只要在家，每天如此。让曾是阎肃邻居的空政文工团青年演员易秒英感受最深刻的，也正是每晚阎肃书房亮至深夜的灯光，它像一盏引路明灯，时刻提示着作为年轻一辈的他们不可松懈的前进之路。

阎肃也曾在以往的采访中表示，"对我的评价，我唯一承认的，就是勤奋。"在创作中，他常常为一句歌词揣摩几个星期，为一个字茶饭不思，每一首歌词的背后，都是多少个辗转反侧的日日夜夜。他认为，世界上没有"速成"的艺术品，更没有走"捷径"的成功者。一个人最重要的是懂得给自己定好目标，再穷尽智慧去实现它，即使成不了精品，也留不下遗憾，一旦确定干什么，就要学会"扎猛子"往根上去，这样才能开花结果。

阎肃家藏书万册，两面墙的书柜里，有很多书都几十年了，但还依然平整如初。他对书非常爱惜。他把每本书都包上书皮，如果书皮破了，就会换新的。他包书的花样也很多，有对角折线的，有折单角的，还有折单边双角的。尤其是他喜欢的武侠小说，不但都看过，而且非常珍惜地每本都包上了书皮。

一身军装，一份深情，心系军营"风花雪月"

　　一年前，阎肃在文艺工作座谈会上讲到军人也有"风花雪月"，但那风是"铁马秋风"、花是"战地黄花"、雪是"楼船夜雪"、月是"边关冷月"。就是这种肝胆、这种魂魄教他跟着走、往前行，愿意为兵服务一辈子。从20多岁创作第一首空军题材歌曲《我的银燕是祖国造》，到《我爱祖国的蓝天》《我就是天空》《送我们的英雄上蓝天》《云中漫步》《云霄天兵》《军营男子汉》……阎肃创作的文艺作品大多是写部队、唱空军的，这些歌曲说出了战士的心里话，写出了战士的真感情，让战士们发自内心地去喜欢、去传唱。

　　阎肃常念叨6个字——"正能量、接地气"，在部队来说就是有兵味战味。然而，前些年一些军队文艺作品"硝烟味"淡了，讲时尚的多，讲兵味的少，讲流行的多，讲战味的少，甚至俗味比军味还重。这让阎肃"着实感到有点寒风飒飒"，他决心以歌声鼓舞士气、激发斗志，于是一曲《天职》豪迈而出："哪有那许多相思眼泪？哪有那许多离别柔肠？当我们勇敢地踏上战场，胸膛里喷泻的是雷是火是钢。军人的步伐走向胜利，军人的抱负天下兴亡，军人的气魄慷慨豪壮，军人的天职保卫国防……"阎肃始终认为，"军队的文化表达如果不'姓军为战'，就会变成无根的浮萍、无病的呻吟、无魂的躯壳。"

　　2010年，阎肃80岁，文工团下基层演出，为照顾他，没把他列入名单。他得知后急了：我的腿虽然不能蹲，但还可以走，带上一个坐便器，我哪里都能去。阎肃常说，每个时代都有催征的军歌，一首好军歌就是一支冲锋号，作为一名军队文艺工作者，最广阔的战场在"前线"、最远大的抱负在"前线"、最深厚的情怀也在"前线"。为此，他一次次奔赴"前线"：上高原、下海岛、走边防、赴哨所。65年来，阎肃几乎跑遍了空军所有的部队。基层提出来的要求，阎肃有求必应，他老说："一些专业场合我们可以推，但基层官兵的心不能冷。"

在空政文工团，为了帮助年轻人尽快成长，阎肃不仅在艺术上手把手、面对面毫无保留地传授，而且用自己的言行感染引导年轻演职人员。歌剧《江姐》5次复排，他都始终默默地站在幕后，用心把一代代"江姐"送上舞台、推上艺术大道。在他的影响和带动下，空政文工团涌现出词作家石顺义、车行，作曲家孟庆云、姚明，青年演员刘和刚、王莉等一大批优秀人才。

前不久，和阎肃并肩战斗一生的战友、作曲家姜春阳，听说阎肃参与策划纪念中国人民抗日战争暨世界反法西斯战争胜利70周年文艺晚会，经常忙至深夜，非常辛苦。老战友牵挂阎肃，便打电话问候："老伙计，85岁的人了，悠着点，当心身体。"阎肃回答："我还得干。"说完，用浑厚的嗓音有力地唱到："云海大无边，蓝天多辽阔，任我飞行任我走，一双银翼保卫祖国。迎着太阳高声唱，我爱这战斗的生活。"这就是阎肃，歌为心声，歌如人生。

（2015年11月25日中国作家网）

军旅人生

◎ 谭淑惠　吴德超　李　博

　　阎肃，1930年出生，1950年入伍，从军60年，创作了《我爱祖国的蓝天》《江姐》《长城长》等1000多部(首)文艺作品，获国家和军队文艺奖100多项，参与策划了100多场国家和军队的重大文艺活动，被誉为"忠诚的军队文艺战士，德艺双馨的人民艺术家"。近日，记者专访了这位人民艺术家阎肃，倾听他的军旅人生。

　　记者：一首好歌能够成为时代前进的号角，一首好歌能够引领社会的脚步。由阎肃作词的经典歌曲《我爱祖国的蓝天》，传唱了半个世纪，伴随着一代代空军官兵保卫着祖国的万里长空。

　　阎肃：老兵了，我原来是陆军，1955年到的空军。《我爱祖国的蓝天》开始，没给任何任务，说是你要写个什么东西。就要当兵锻炼一下，于是我老老实实到基层当了一年兵，擦飞机。慢慢地跟飞行员、机械师，所有机场的人都熟的像自己的哥们弟兄似地。一天傍晚，其他的飞机都回来了，就我们那架飞机没回来，我看到机械师扛着个梯子，直勾勾地就看着天边那个晚霞。我油然而生想到一句话就是，哎哟，他们为什么那么专注？因为他们的爱，他们爱祖国的蓝天。那个时候，没人让我写，是我自己忍不住要写。《我爱祖国的蓝天》就那么出来的，那真是生活给的。生活就是催着你，或者是时代，或者是任务，或者是一种情感，催着你，催着你把它记下来。

记者：改革开放之初，由阎肃作词的《军营男子汉》，用响亮的歌声告诉人们，天下最棒的人是军人。

阎肃：那时候下部队，到瓦房店，我都是笨办法，师长、师政委、团长、营长连长、排长、班长、战士，我谈了个遍。也不知道写啥，反正组织派我们去了。后来，我发现很多干部战士都在聊同一个话题，诸如：上公共汽车让我们让座；哪有什么水灾、旱灾了让我们打头阵。可在生活中却瞧不起我们，管我们叫傻大兵。因此大家觉得很别扭，想不开。雷锋那个年月好像比我们更受尊重，现在人们的价值取向好像都是看谁是大款了，谁有车了。我们其实也不傻呀，我们凭什么呀？我忽然觉得可以写点什么。于是我头一句话就写，我来到这个世界，没有想去打仗，只是因为时代的需要我才扛起枪。扔掉一堆时髦的打扮，换来这套军装。我本来可能成为明星，到处鲜花鼓掌；也许能当经理和厂长，谁知跑来站岗。但是我可绝不会后悔，心里非常明亮。要说歪打正着也不是，对社会整个感觉我也有，但是我说不出来，他们说出来了，跟我一拍即合。这个歌，说出了战士的心里话。从师长到战士都是有这个思想，这就说明它有普遍性了。

记者：从艺60年，阎肃把敏锐的观察与时代的脉搏结合起来，担当起一名艺术家的使命与责任。在长期和平环境下，他创作的一首《长城长》，唤醒了多少赤子情怀；面对社会上的一些思想困顿和迷茫，他写出一首《风雨同舟》。

阎肃：我这一辈子赶上个好时候，就是大时代的变迁。你看世界杯是1930年开始，那是我刚出生，1937年就开始抗日战争。日本人打进来，整个战乱、流亡、流离失所，一直到各种各样的大变革，一个大时代，滚着潮流往前走。其实我很不理性的，我没有遇事先从理性上去分析，我就感觉上这是个事儿，我要写它，就写了《军营男子汉了》。写完了以后才知道它的可贵，大家给好评了，我感觉好像忽然茅塞顿开，原来如此，这么切中。先有一个宏观的看法，一种觉悟，然后再实事求是地写出来。当然后来总结，千万不要忘记阶级斗争的那个年月《江姐》应运而生。什么时候哪个歌应运而生，这是我本能的思维，就是我始终觉得一个人写一首歌流行，很可能是碰上了，撞大运。那天我听了一个人说什么叫好运，好运就是机会来了你有准备，你抓住它这就是好运，你抓不着就不是好运。我就是属于这种，来了一下子"当"我逮住它了，这种纯朴、简单，倒相合了时代的节拍了。写歌也是，你必须稍微引领一点时代，稍微靠前一点，就能让大家喜欢了。我总希望写每一首歌，受众面越大越好，有时候恰恰就顺应了那个时代潮流的浪尖。这就是说为什么后来打假，我能写出《雾里看花》，这个有很大原因；解放军军民关系，我能写出个《长城长》，都是这个因素在起作用。总之，期待着更多的人能够接受。

《五星邀五环》简谱。

记者：1992年阎肃创作了《五星邀五环》，这首歌本来是为我国第一次申办奥运所写，但第一次申办没有成功，2000年，在北京第二次申办奥运的时候，阎肃创作出《同一个世界，同一个梦想》，用音乐描绘出奥运精神的力量和中国的壮美。

阎肃：《五星邀五环》，那

时候是申办奥运没成功的那一年,是悉尼中选,我们落选嘛。在这之前搞了一个晚会,七运会,就让我们写迎接奥运的歌,我于是写了《五星邀五环》。写完了以后大家都没在意,孟庆云拿了谱曲。后来审查中也没这个歌。其他的歌曲,上级领导审查,组委会审查,都觉得词不太贴。他们就汇报说有一首阎肃写的叫《五星邀五环》。领导说,拿来听听。后来一听,它中选了,七运会的会歌就是《五星邀五环》,结果没邀来。第二次申奥邀来了以后,这歌又火了。我觉得一个歌能够火,绝不是你刻意经营的结果,而是无心插柳,我觉得经常是这样赶上了。

记者: 由阎肃创作的电视剧《西游记》的主题歌《敢问路在何方》,是一首豪迈的歌,给人以无穷的力量。

阎肃:《西游记》插曲,当初杨洁写了好几次都不行,都被毙掉了。后来托人找的我。我一开始说这有什么难的,这太容易了,等好吧。当天我就写出四句,你挑着担我牵着马,迎来日出送走晚霞,踏平坎坷成大道,斗罢艰险又出发。多棒呀!可是写不下去了,怎么写都不对,卡住了。甚至我都想您另请高明吧。我败下阵去,头疼。其实歌不是写出来的,是想出来的。以后每一天我就在那儿叹气,不知道怎么办。整个两礼拜就在屋子里来回走溜,刚好孩子在那儿做功课就说:你烦不烦来回走,走什么呀,瞧把这地毯都快踩出一条道来了。就是这句话,快踩出条道来了,我一下子灵光一闪,忽然想起鲁迅先生的"故乡"了,他最后有一句话,其实地上本无所谓的路,走的人多了也变成了路。你说什么时候叫走完呢?说经取回来就算完了吗?没完呢,何况还有有字真经与无字真经。后来终成正果,封了斗战胜佛就完了吗?也没完啊。生活还得继续呀,走到哪儿算一站呢?没有。你人生的终结在哪儿?你走就是了,你走吧,路在哪儿呢?路在你脚底下。敢问路在何方,路在脚下。一下子我好像就醍醐灌顶,这下可解决问题了。

记者: 阎肃曾经两次入朝慰问参战部队,这段经历使他坚定了要穿一辈子军装的从军志向。作为一名服役60年的老兵，写军歌、唱军歌是阎肃坚守一生的艺术制高点，阎肃几乎走遍了空军所有部队，对飞行、机务等兵种都非常熟悉，在他的1000多部文艺作品中，有三分之二的作品是写军营、唱官兵的。

阎肃：部队文工团干的就是鼓舞士气的事，为什么让人家爱听你的歌，爱唱你的歌，那是你说出了他们想说却没说出来的话，这是最主要的。我在文艺界里边算是比较特别的一个人，我前后经历这四代领导，都近距离接触过。这在全国很少，老实说在三中全会之前，许多运动，挨过不少折腾，但是可能入党年头久了，不会别的，就会说，"哎，好好干"。一般叫我干什么，我老是想把它干得更好一点而已，只要交给我的任务，我总是觉得，我去做，就要把它做好。你要说简单那么就简单，潜艇我去过，青藏高原我也去过，都是我自己愿意去的。我特喜欢去，我觉得要出去，需要去，而且我也不惧怕任何困难。

记者："蜂儿酿就百花蜜，只愿香甜满人间"。这是歌剧《江姐》中的唱词，出自阎肃之笔，也成为阎肃的人生写照。80年人生路，阎肃一生跟党走，60年艺术生涯，他高唱主旋律。

阎肃：得之淡然，别把它当个事，我没觉得阎肃怎么的了，不怎么地，还那样；失之泰然，失掉了以后泰然处之，哈哈一笑，失掉了就失掉了，有什么了不起了，也别太当个事了；争其必然，就是你本来应该的，有的时候大家伙共同都去做一件事情，你要力争做得别人更好一点，那争其必然；大多数情况下顺其自然，痛快，比较乐呵，心安。说实话，别的都是假的。真正怎么叫好啊，怎么叫有用啊，"床前明月光，疑似地上霜。"到现在我们还会呢。

记者：《我爱祖国的蓝天》留下了。

阎肃：我希望是这样。给历史老人留下几首你写的东西，你写的歌，老百姓他知道不知道阎肃不要紧，他知道有首歌叫《我爱祖国的蓝天》就好了呗。哎，说句良心话心里头甜滋滋的。别太把自己当个事，是我真心话。我可从来没把自己当个什么什么人物，普通一兵，老老实实。

记者： 阎肃从军60年，从艺60年，这位德艺双馨的老艺术家，把艺术的根脉深深扎根于中国文化的土地，中华传统文化对他艺术的创作产生了深厚的影响。

阎肃： 我仔细想了，恐怕有三个原因，一个原因是我高小和初中这五年，我们那时候叫国文，等于现在的语文老师。教我们的是个老秀才，他一肚子都是三字经、百家姓、千字文，他还有一点像古文八大家的那些底子。这些给我们小孩奠基，成天知道的全都是子曰、学而，全都是人之初性本善。小时候未必理解，就是望着天傻拉呱叽背，散文、白话文接触很少，这部分接触很多，这个我觉得至关重要。搞中国文字，搞中国文化，古文底子越厚越好。第二点我特别喜欢唐诗宋词，楚辞也涉及。这也是因为抗战时期教我们语文的那些老师都是些饱学之士。中学我又特别酷爱韵文，从骈文开始，带上韵的我都喜欢。还有就是我喜欢中国的戏曲，特别是川戏。有的川戏我整本书背过，那里边很多就是文白相间的语法，文学性极强。包括中国的曲艺，这个读多了你必然知道了音律、格律，必然知道四声、平仄。我又喜欢读《中国文学史》，读了很多学史。他们找我给写京味歌曲，因为从小我就会唱京戏，又是票友。在"文革"中，我参加了许多样板戏创作，那时我就写过《年年有余》，那还是我刚刚接触京戏。后来写了《江姐》，就是因为对京戏的熟悉。

记者： 一首歌包含的真情实感和文化底蕴，很大程度决定了这首歌能飞多远，一个人对事业的感情和态度，很大程度上决定着他的人生路能够走多远。阎肃把情感和思想的根基深深地扎进了生活的大地中，使自己的天赋和才智获得了最丰富的滋养。

阎肃： 我在样板团的时候，我那个组里头有李少春、张君秋、关肃霜、李紫贵、郑吟秋、张春华等，都是一些京剧大腕。我跟他们一天到晚在一起，知道很多京剧的掌故，所以对京戏熟，因此就写了《唱脸谱》。我虽然不会自己勾脸谱，但我看了许多脸谱。

举个小的很技术性的问题。蓝脸的窦尔敦盗御马，盗御马，马马马，上声字，平声字。京剧就是得上韵，就是你必须仄声字，平声字，仄声字，平声字。前面那句，因为它是歌，重复到第二段紫面的天王托宝塔，塔，盗御马，马，它必须这个声。一幅幅鲜明的鸳鸯瓦，要找不着这鸳鸯瓦，你没法写第三段。再举个例子就是说，我爷爷小的时候，常在这里玩耍，我干吗写个"玩耍"，在这儿玩就得了，为什么要耍呢？没辙，是因为第二段这个地方，"我海外归来又见红墙碧瓦"，因为他是个瓦，必须得是个上声字与它搭配。说白了，写京味歌曲，你没点底子，即韵文的底子，你就玩不转。你搞韵文搞得多了，对戏曲的唱词和曲艺，也就熟了。因为我过去就是一个曲艺爱好者。我是作协会员、剧协的副主席、音协的会员，曲艺家协会最老的会员，电视艺术家协会的会员。

歌唱家李谷一在演唱阎肃作品《前门情思大碗茶》。（新华社记者 罗晓光 摄）

记者：在阎肃一千多部文艺作品中，他写过一组京味歌曲，《京城老字号》《北京的桥》《前门情思大碗茶》等，写北京是因为他熟悉北京，但阎肃写北京从来不是一个地域概念，而是大中华的一个剪影，充满了他对国家和民族真挚的爱。

阎肃：那时候说实话，就挣那么点工资。因为我是家里的老大，我父亲去世后，家里面很多事我都得管，母亲、弟弟、妹妹，我得寄钱回家养他们。我自己很抠门，过得非常节省，但是我有一条，我舍得买书，我舍得买票。看戏，哪怕走路，走几十里地我都得看。北京好多剧场我都很熟，可以花很少的钱坐在最后一排。但是我要看戏，总是如饥似渴地看，确实想多学点。在里面得到的东西又确实是一种极大的快慰和满足，就是我后来写的这些歌，也跟这些有关。比如写京味歌曲。我不是北京人，是河北人，1955年才到北京。但是我从小就爱看老舍的作品，读了相当多的老舍先生的作品，他写了很多古词和曲艺，我酷爱曲艺和他有关系，也可以说受他影响很大。他的小说里头，除幽默之外，他写北京风土人情的那个味儿特感染我。所以我还没到北京之前，对北京四九城已经知道许多许多了，再加上那时候又说相声。读书破万卷，下笔如有神，觉着你肚子里宽敞了。

记者：阎肃说，每个人在历史长河中，不管你活多大，在天地之间都是一个孩子，岁月是挡不住的，生命规律不可抗衡，但你的内心可以永远年轻。这也是阎肃能在如此高龄还能写出《雾里看花》等歌曲，能够一直保持艺术青春的关键所在。

阎肃：我觉得自己也滑稽得很，其实玩的东西我都会，可是我很少玩。这么多年来我没有疗养过一次，没有带着一家老小去玩过一次。有点工夫就想多看点。另一个职业本能，就想多接触人，搞创作的，总想肚子里装的人越多越好。第三个因素就是很怕被飞速发展的时代列车给甩出去，老在车尾巴那儿趴着，老想跟着一块儿走。所以说童心未退，年轻人喜欢的我也喜欢。您说摇滚，喜不喜欢，喜欢；超女喜不喜欢，喜欢。我和我的孙女很谈得来，他说周杰伦，我也能说周董；他说蔡依林我也说蔡依林。我的兴趣特广泛，所以我每天读报纸时间很多，就是接触各种媒体，而且不计生冷，我几乎什么都感兴趣，这个有很大好处。

记者：80年路漫漫，阎肃自诩自己也是80后，他对不同时代涌现出的新鲜事都充满了体验和了解的兴趣，他以一种发自内心的激情，揣摩着生命中的细节。

阎肃：兴趣广泛的人有个好处，就是活得挺充实，什么都喜欢，我也是属于这样的人。为什么我老说80后，就是说，我有一颗年轻的心。这个有很大好处，这个使得你的精神生活充实。

记者：阎肃一生耕耘在祖国文艺的百花园中，他参与策划了100多场国家和军队的重大文艺活动，参与组织策划了20多台春节晚会，获得国家和军队文艺奖100多项，阎肃成为一棵艺术常青树，始终担当着一名艺术家的使命和责任。

阎肃：学习什么，就是你认真读书，多读点书，读得越多越好，真的开卷有益，我特信这句话。高尔基三部曲里面的"生活像泥河一样的流"，就是这样。你要想那么干干净净，涓涓溪流，清澈见底的，没那事，他就是裹着泥沙这么往前跑的。你就得自个儿抽时间，就是鲁迅说的那个，别人喝咖啡的时候，你就少去玩。我真喜欢玩，我真能玩，可是，你真得克制自己，你得多读点书。再就想说一句，对我大有益的，一个是多背一点古文，一个得看点像诗话呀、词话呀，曲话呀这种理论，这种中国的最老的那种，老有所得，包括纪晓岚也有《阅微草堂笔记》，袁枚，袁子才的《随园诗话》，王国维的《人间词话》，赵毅的《讴北词话》，《李笠翁曲话》，这是他们一辈子的学问那点功力的总结，包括《唐诗纪事》《宋词纪事》。就是那个流传下来的那些文人轶事，我也是特别感兴趣，知道许多许多文人的故事。因为那里面确实有许多他对人生的那个定位，他的体会，一下子你就可以直接得到。就等于看鲁迅先生的书一样。

记者：在八十年的人生经历中，阎肃发自内心地尊重生命中遇到的每一个人，从国家领导人到小区里的园艺师，在他的眼中都是生活的代表，都应该用心走近。

阎肃：所有的劳动者我都尊重，所以对他们我都有种天生的亲近，我们门口站岗的，老兵复员的，我跟每个人都照过相。因为我原本就是一个普通人，不瞒你说，我从来没觉得自己是个什么人物。你是个啥，你是个普通一兵。

记者：阎肃深爱着祖国深爱着空军，年轻同事不管是谁，工作生活上有了困难找到他，他有求必应，有时不求也应。为了帮助年轻人尽快成长起来，连续十几年的春节晚会，他都把上节目的机会让给年轻人，自己的作品总是放在最后。

阎肃：年轻同志都喜欢我也是一个原因，怎么说呢？与人为善，我也

2009年6月20日，阎肃在鼎新晚会现场为官兵和家属签名。（郭幸福 摄）

年轻过，每个人都有天分，这个天分就看你运用得如何了，你发掘没有。每个人都有或多或少天分，不管是这方面的或是那方面的，总有一种才能是你更擅长一点。第二点就是勤奋，勤能补拙，你必须用你的勤奋去发挥你的天分。李宗盛说，没有人能随随便便成功；第三要有缘分，你是有准备的话，当机缘来了以后你就抓住它了，你就会更好的成功。最后我加了一个就是本分，就是你别得意忘形，你始终你还是你，我曾经写过一首歌词，叫《我就是我》，就是水里煮过，火里烧过什么什么，最后我还是我。

记者：回顾80年的风雨人生路，阎肃说：廉颇老矣，壮心犹在！如果能活到100岁，就要再写20年。

阎肃：其实很简单，照我说就是本分加勤奋，你也不要想贪图得到什么，就老老实实干活，把自己那一亩三分地种好粮食，尽可能地把自己所担负的那个工作做得更好一点，尽到你的力，问心无愧。我认真努力，愿意做得更好。我不是说我非要比别人强，我可没这么一种概念。我只是说交给我的活儿，我总希望把它做得更漂亮一点，就是对自己有这么个约束，得意时不要凌驾于组织之上，失意时不要游离于组织之外。

我总结到我这岁数的还留在这岗位上继续干活的，三个条件我比较具备。第一条，身体得好；第二条，身体好能干活；第三条很重要，听招呼。我跟你说有一条刻意求功，未必怎么样，无心插柳往往成荫。我有好多好多歌也好，什么也好，真怪，凡是我死乞白咧想怎么着的，掐着脖子也怎么着不了。凡是我不经意的，咱们一块儿一商量，咱们唱脸谱吧，准好。你说这玩意儿，没那么多功利心在里头。比方《西游记》那个是如此，打假歌《雾里看花》也是如此，没想它能火。《长城长》也是，上来就给枪毙了，没觉得它能怎么地。《我爱祖国的蓝天》也没人叫我写，我就自个儿觉得要写。当然，这里面也有个死乞白咧，就是说你认真去完成的。我们那时扔的写出来的东西也一大堆一大堆的，书，这里面也有我的书，也有朋友送我的书，也有我买的书，这还是一部分了，不是全部了。我就在这儿问我儿子，我说我要死了这书怎么办？他说当然卖废品了，我一想真是这么个道理。什么叫留下？春眠不觉晓那叫留下了，床前明月光那叫留下了。

（2015年11月24日央广军事）

中 篇
阎肃的"风花雪月"

阎肃不老的歌

◎ 江胜信

题　记

"对浩瀚长天，明月清风，人生岂能无梦。若无梦，何来展翅飞行，何来倚天抽剑，何来跨越彩虹……"《梦在长天》唱响的时候，"八一"将至。

这是一位老兵为人民军队奉献的新歌。这位老兵，就是空军政治部文工团创作员、著名词作家阎肃。

阎肃，大家并不陌生。中老年人知道他，因为他写过歌剧《江姐》，写下了《红梅赞》《绣红旗》《五洲人民齐欢笑》等传唱至今的经典歌词。半个世纪以来，《江姐》5次复排，演出500多场，创造了中国歌剧史上的一个奇迹。他没有功成退隐，他从不曾懈怠。

年轻人知道他，因为一年年的春晚、一届届的青歌赛和一场场的红歌赛。嘉宾席或评委席上的他总穿一身军装，不说话时"严肃"得很，一开口却旁征博引、妙语连珠。"超女"、"快男"节目也看上了他，发出邀约，他摆摆手，自有分寸。

他明白自己的身份。身为军人，他最广阔的战场在"前线"，最远大的抱负在"前线",最深厚的情怀也在"前线"。虽然远在公众视线之外,却是他的天。

他说:我最看重的是"空军优秀共产党员"这个荣誉,最喜欢的是这身军装。对党、对军队,我满怀"跪乳之恩、反哺之爱"。

反哺无期限,他是个永不退伍的老兵。

他一次次奔赴"前线":上高原、下海岛、走边防、赴岗哨……腿脚不便又何妨!他照样来到航空兵师的演兵场、指挥所,照样登上执行训练任务的预警机,照样探访航天员出征前的"问天阁"……来自"前线"的触动落在纸上,便是大气磅礴的《梦在长》——又一首军魂赞美诗,又一支励兵冲锋号。

战士们唱着军歌,腰板直直的;写歌的人,却因为常年的奔波和伏案,腰背罗锅了。是真的老了吗?却分明又像保持着冲锋姿态的士兵。

"我也是'80后'。"他总爱这么介绍自己,然后故意停顿一下,再作解释,"我80岁啦,名副其实的'80后'。"周围的人乐了。

他的快活,像酵母一样撒入你我心田,不知不觉间,忘了时间,只剩年轻。人生如歌,就让我们聆听这一支不老的歌——

红　梅

"红岩上红梅开,千里冰霜脚下踩,三九严寒何所惧,一片丹心向阳开。"

——摘自阎肃歌词《红梅赞》

"阎肃",很有特色的名字,好记。今天已不大有人知道阎肃的原名"阎志扬",更让人惊讶的是,他居然还有过一个洋名:彼得。

那得回溯到1934年,他4岁的时候。身为天主教徒的父母请来传教士为儿子洗礼，赐下教名"彼得"。

不久，抗战打响。阎肃随家人颠沛流离来到重庆，在教会学校读书。钟楼下、高墙里的生活并没有化淡民族危亡时刻的少年忧愁。"共产党"、"毛主席"、"延安"、"八路军"、"新四军"……这些不时振动耳膜的新名词，叩击着年轻的心。1946年，正当修道院准备把小彼得当作未来的"精深教父"重点培养时，他毅然报考了重庆南开中学。

外面的世界让阎肃眼界和心胸大开：传阅《共产党宣言》《新民主主义论》等革命书籍，学唱《山那边哟好地方》《兄妹开荒》《您是灯塔》《跌倒算什么》等进步歌曲，参加反饥饿、反内战学生游行，极具文艺天分的阎肃成了学运骨干。重庆解放后，还在读大学的他被选调到了西南团工委青年艺术工作队。

1952年前后，阎肃两次入朝慰问演出。从这个阵地转到另一个阵地，

2011年，阎肃随团访问朝鲜。图为阎肃与朝鲜人民军代表合影。

要翻越一座山，突然，前方惊现漫山遍野的烈士墓碑。墓碑上方镌着一颗红五星，朝着祖国的方向，碑身刻着姓名、年龄、机关、部队代号、入伍和牺牲时间，三两行字写尽了一个曾经活蹦乱跳的战士的一生，有的墓碑上甚至连牺牲者的姓名都没有。看到这一切，阎肃落泪了。都是一样的血肉之躯，都有一样的骨肉亲情，是什么力量支撑着他们远离故乡、战死他乡？他在墓前伫立良久，信念从心底升腾：为了共产主义事业，为了新中国，为了和平，他们奉献了年轻的生命，我还有什么不可以奉献的呢？

从朝鲜战场回来，阎肃加入了中国共产党，穿上了军装。在党旗下，他立下誓言："军装要穿一辈子，今生铁心跟党走。"

11年后的1964年，阎肃又在一位伟人面前许下"我一定好好努力"的承诺。那是当年11月，《江姐》正在热演。一天晚上，阎肃刚从戏院出来，突然一辆吉普车在他身边停下，车上人喊道："阎肃，找你半天了。快上车，有紧急任务。"阎肃一愣，随口说："什么任务啊？我可没穿军装。"阎肃那天只裹了件破旧的黑棉袄，裤腿沾满了石灰，一条大围脖奄拉在胡子拉碴的下巴前。车子开进中南海，阎肃才恍然大悟，原来是毛主席看过两次《江姐》后深为感动，要接见他。

见到毛主席，阎肃激动不已，他先鞠了个躬，又赶紧握住主席的手。阎肃听不懂主席的湖南话，只记得主席一番鼓励后，还送他一套《毛泽东选集》。当时阎肃坚定地说："我一定好好努力！"

今生铁心跟党走！好好努力！不管是无声的誓言还是响亮的承诺，阎肃都将它们化作了火热的创作激情。多年来，他已收获累累硕果：百余部作品荣获"文华奖"、"五个一工程奖"、全国征歌奖、全军战士最喜爱歌曲等全国、全军大奖。新中国成立50周年的欢庆典礼上，有三部歌剧登上了游行彩车，他创作的《江姐》和《党的女儿》是其中两部。

但他并没有沉浸在荣誉的糖罐里。常挂在他嘴边的一句话是：一个人要成功，要靠天分、勤奋、缘分、本分，其中，勤奋和本分最重要。他说："我是空军最年长的现役老兵，只有守着本分，更加勤奋，才能践行我与中国共产党和人民军队之间永远的约定，同时也让我的人生多一些精彩，少一些遗憾。"

蓝　天

"我爱祖国的蓝天，云海茫茫一望无边，春雷为我擂战鼓，红日照我把敌歼。"

——摘自阎肃歌词《我爱祖国的蓝天》

新中国60华诞的阅兵典礼上，伴着《我爱祖国的蓝天》的歌声，飞行梯队在天安门上空画出道道"彩虹"。此时的阎肃正在观礼台上，仰望蓝天，他行了一个军礼。

这首歌创作于1959年，流行了50年，空军官兵个个会唱，是《江姐》之外阎肃创造的又一个奇迹。

我们耳熟能详的由阎肃作词的军旅歌曲还有很多：《军营男子汉》《长城长》《风雨同舟》《连队里过大年》《天职》《打赢歌》……在他1000多个作品中，有三分之二是写军队、写空军的。他说，我的一切拜军队所赐，我的根在军营，爱兵、写兵、励兵是我的天职。

阎肃创作的军歌，加上其他词曲家创作的《团结就是力量》《打靶归来》《当兵的人》《小白杨》《说句心里话》《边关军魂》等军歌，不可谓不多。和平时期的军队需要这么多军歌吗？

"当然需要！"阎肃说，"不过，年代不同，需要的风格不一样。烽火岁月更需要催征的歌，扯着嗓子喊，士气大振；当今是太平盛世，军人的文化水准提高了，不光满足于'喊'，还唱起了《当你的秀发拂过我的钢枪》。虽然士兵瞄准的时候，身旁绝不可能有一个长发飘飘的姑娘，但这首歌非常流行，这在过去是不可想象的。"

"当代军人最爱唱什么样的军歌？"

"阳刚、时尚、贴心。"阎肃给出的答案是几个关键词。

"您写的军歌里，有哪些是'阳刚、时尚、贴心'的呢？"

阎肃答："这不归我说了算，由士兵们说了算。"空军航空兵某师飞行员张吴、李小松曾对他说："唱着《我爱祖国的蓝天》，好潇洒。我就是听着这首歌参军的。"很多官兵们对他说："《军营男子汉》带着摇滚味儿，唱起来真带劲儿，给我们当兵的找回了尊严，看谁还叫我们'傻大兵'。"

一首军歌是否受欢迎，最终当然由士兵来评判。但在创作之初，这取决于创作者能否用最合适的音乐语言说出士兵们的心声。

《我爱祖国的蓝天》就是这样的。1959年春节一过，阎肃来到空军航空兵某部当兵锻炼。在与飞行员长达一年的朝夕相处中，他学会了擦飞

在央视回声嘹亮的舞台上，阎肃与嘉宾共同演唱《我爱祖国的蓝天》。（郭幸福 摄）

机、充氧、充冷、充气、加油，分解轮胎、钻飞机进气道，体会着飞行员对飞机、对祖国领空的感情。有一天傍晚，别人的飞机都回来了，而阎肃他们机组的一架飞机却还没回来，大家全都直勾勾地瞪着天边的晚霞。阎肃心里一动："地上的他和天上的他，心都在天上。对，我们都爱这片蓝天。"当晚，阎肃就把激情和感动倾注进了《我爱祖国的蓝天》的歌词。作曲家羊鸣谱曲，用了过去不常用的三拍子，"飞一般的感觉"和阎肃的设想不谋而合——"我写的时候，就想象着自己正在飞翔，歌词的韵律也是三拍子。"

《军营男子汉》也是这样的。1986年，阎肃来到沈阳空军瓦房店场站采风。他和战士们同吃同住，战士们对他掏出了心里话："常常觉得憋屈。"原来，当时社会上常把当兵的叫作"傻大兵"。"我们怎么傻了？需要有人让座了，谁得了病了，哪里闹灾荒了，这时候大家都想起我们，把我们说成最可爱的人。可平常呢？'傻大兵'，谁叫你没钱，谁叫你太普通。唉，真是来气！"阎肃顿时感觉到了责任："我必须要为战友们撑撑腰、壮壮气。"一首《军营男子汉》很快脱手："我来到这个世界上没有想去打仗，只是因为时代的需要我才扛起了枪。失掉多少发财的机会丢掉许多梦想，扔掉一堆时髦的打扮换来这套军装。我本来可能成为明星到处鲜花鼓掌，也许能当经理和厂长谁知跑来站岗，但是我可绝不会后悔心里非常明亮，倘若国家没有了我们那才不可想象。真正的标准男子汉大多军营成长，不信你看世界的名人好多穿过军装，天高地广经受些风浪我们百炼成钢……"很快，这首歌在全军火了起来。

阎肃写歌，写一首"扔"一首，不保存文本。"自己保存有什么用？拿来自恋吗？有生命力的歌，自然会流行，自然会传唱。历史会帮我记住。"

问　路

"一番番春秋冬夏，一场场酸甜苦辣。敢问路在何方？路在脚下。"

——摘自阎肃歌词《敢问路在何方》

阎肃偶尔练练书法，写得最多的是"英雄"二字。他说他有英雄情结，他给"英雄"的注解是：承担苦难，把胜利留给别人；只管耕耘，把收获交给别人。边哨那些可爱的军人啊，你们就是英雄！

他最艰苦的一次采风，是1964年为创作歌剧《雪域风云》去西藏体验生活。在海拔四五千米、气温零下四十多摄氏度的唐古拉山口一个兵站，他钻进用9床军被包裹的被窝，感觉仍然像光着身子躺在雪地里一样。极度寒冷和高原反应，让他度日如年。第二天一早，一名小战士端来一盆洗脸的温水。阎肃随口问："你来多久了？""两年。"阎肃惊呆了，行了个军礼，说："你真是英雄！"直到今天，当有人问起这段采风经历，阎肃的第一个回应就是敬一个军礼——这是送给远方那位战士的。

对边哨战士、基层官兵的敬意从此涨满了阎肃的心房。每次采风或慰问演出，他争着去最艰苦、最边远、最基层的营地。看着战友们灿烂的笑容和含着热泪的双眼，他跟着笑、跟着哭，他知道，这群可爱的兵娃子既是他创作的源泉，也是他甘愿一辈子俯首服务的亲人。

为了他们，他依然在跋涉。即使在别人看来"功已成、名已就"，他还是上路，路就在脚下。

"敢问路在何方？路在脚下。"这是《西游记》主题歌《敢问路在何方》中的经典名句。它的跃然纸上，归功于阎肃精益求精的艺术追求——艺术道路上的跋涉。

那是1983年，阎肃一接下《西游记》主题歌的作词任务，脑海里就冒出了情景交融的美文："你挑着担，我牵着马，迎来日出送走晚霞，踏平坎坷成大道，斗罢艰险又出发：一番番春秋冬夏，一场场酸甜苦辣……"
但如果止步于此，缺了点深度——接着该怎么写呢？

阎肃苦恼地说："逼得我满屋子转，从卧室走到客厅，又从客厅走到卧室。"脚底下的棉拖鞋擦着地毯，发出单调的声响，几天下来，居然将地毯踩出一条白印。这条白印让他灵光一现，他猛然想起鲁迅先生的名句"地上本没有路，走的人多了，便成了路"。"有了！"阎肃在稿纸上落下了最后的点睛之笔，"敢问路在何方？路在脚下。"

"路是没有止境的。即使唐僧师徒四人得到真经凯旋而归，难道就没有新的目标了吗？"《敢问路在何方》在中国改革开放的艰难起步阶段唱出了中华民族勇于探索、自强不息的精神，激发了人们冲破枷锁、投身创新的豪情壮志。这首歌对于创作者阎肃，也是激励。路无止境，路上的他，不言老。

1998年，他68岁，前往抗洪一线，参与组织《我们万众一心》《携手筑长城》《同舟共济重建家园》等大型抗洪赈灾义演募捐晚会。

2008年，他78岁，再次请缨抗震救灾。组织上考虑到他腿脚不便，没有批准。他只好看电视，当他看到空降兵15勇士冒着生命危险从5000米高空跳伞营救灾区人民的事迹报道后，连夜创作歌曲《云霄天兵》。

2010年，他80岁，空政文工团下基层巡演，为"保护"阎老，没把他列入名单。他急了：我的腿虽然不能蹲，但还可以走。带上一个坐便器，我哪里都能去！他说他这辈子到过除台湾以外的每一方国土，一直在走啊，看啊，想啊，写啊……行有路，思无涯，何处不通达？

看 花

雾里看花水中望月，你能分辨这变幻莫测的世界；涛走云飞花开花谢，你能把握这摇曳多姿的季节。

——摘自阎肃歌词《雾里看花》

总有人问阎肃的老伴："嫁给阎肃，一定很幸福吧？"

老伴心里，涌起怪怪的滋味。

在别人眼里，阎肃真是好：有才气，不仅军歌写得好，还能写京剧戏歌《唱脸谱》和京味歌曲《故乡是北京》《前门情思大碗茶》《北京的桥》，甚至写出了特别流行的《雾里看花》和《梦里水乡》；有政治头脑，常给各种晚会出出主意把把门儿，在大型音乐舞蹈史诗《复兴之路》

阎肃和夫人李文辉与女儿、外孙、外孙女在一起。（郭幸福 摄）

的创作中，担当文学部主任；时尚，知道天下时事，知道"囧"、"雷人"、"玉米"、"rap"等网络热词，还知道花边新闻；热心、乐观、公正、干活卖力；最难得的是具备"怕老婆"的美德，工资卡全都交给老伴……

但在老伴眼里，阎肃是个无法改造的顽固分子：手总也洗不干净，毛巾最黑；喜欢吃掉所有剩菜，喝掉所有菜汤，以致越来越胖；不干家务，买米买油这类体力活也不干，还总唠叨、瞎指挥；家人想开文化经纪公司，他给否了；儿媳是专业唱歌的，想去空政文工团工作，他又给否了；单位给分套将军楼，他说用不着，能住就行了。最后是家人劝了又劝，并在许诺不让他插手装修等任何琐事的前提下，才把家给搬成了。

明年是老两口金婚。瞅着相守五十载的老头子，她想想：也不容易。虽说老头子不实用，但还能拿来"欣赏"。"他老了，长得也不漂亮，人家还总爱用他，说明是真喜欢他。既然大家高兴，我就跟着高兴吧！"

不知道是不是出于亏欠心理，阎肃在老伴面前，气势上会矮掉半个头。阎肃说："文革"初期，我受到一些冲击，怕连累她。她说："你就是发配到北大荒，也得有人给你做饭啊。"她都这么说了，我还不得多让让她。

她的心里还是怪怪的，但一定是怪怪的幸福。她珍藏着老头子写给她的一首词：

《伴君行》

一叶扁舟浪花中，

去年海北，今岁江南，明朝河东，

任黄花碧水，青山红叶，白发秋风，

随你奔波这久，也算是五彩人生。

咽下了千杯喜，百盏泪，万盏情，

仍留得一颗心，七分月，三更梦，
淡定从容伴君行。
缘分早注定，心海已相通
携手坎坷路，遥对夕阳红。

（2010年7月19日《文汇报》）

德艺双馨　放歌时代

◎李　舫

一出戏，盛演五十年，哺育数代人；

一首歌，传诵江南北，感动亿万心；

一个兵，剑舞半世纪，深情洒蓝天；

一个人，八十年呕心沥血，风雨兼程，六十载痴情吟唱，矢志不渝。

一生放歌时代，堪称德艺双馨——这就是著名艺术家阎肃。

红梅赞歌
"三九严寒何所惧，一片丹心向阳开。"

一本《共产党宣言》，让阎肃从虔诚的天主教徒，成为坚定的共产主义战士。

1937年，日本侵华战争全面爆发后，阎肃随全家逃难到重庆，迫于穷苦在教会学校读书。修道院准备推荐他到高级修道院学习天主教，作为未来教父重点培养。日渐长大的阎肃脑子里回想的却是灾难深重的中华民族。几经思考，他深感"宗教救不了中国"，不顾教会的挽留，坚决投考重庆南开中学。

青年时期的阎肃。

脱下黑道袍，穿上新校服，新鲜的空气、自由的精神迅速打开了阎肃的视野，"心头的石头被掀翻了"！他参加排演《黄河大合唱》，阅读《新华日报》和鲁迅、巴金等进步作家的书籍。

不久，校场口事件爆发，震惊、迷惘、痛苦中，阎肃读到《共产党宣言》，醍醐灌顶，豁然开朗。从此，他像一团烈火迅猛地投入新的事业，并写下自己的誓言："只有共产党，才能救中国！"

从此60年，他披肝沥胆，壮心不已，愈是艰难愈向前。

从此60年，他饱蘸笔墨，叱咤风云，深情讴歌主旋律。

从此60年，他扎根军营，情系蓝天，不断创造新奇迹。

一出戏上演半世纪，一出戏哺育几代人，新中国文艺史上的一个奇迹。这就是歌剧《江姐》，盛演不衰，感人不已，其中一句"三九严寒何所惧，一片丹心向阳开"，令无数观众双泪长流。1962年，年轻的共和国刚刚经历三年困难时期，国民士气亟待振奋，阎肃从当时广为流传的小说"红岩"中得到灵感，何不将故事改编成歌剧，广为传唱？

那时他正新婚，没来得及与妻子度蜜月，一转头跑到重庆去体验生活。戴上铁脚镣，将自己关进渣滓洞，蹲了七天七夜。黑暗的牢房、三餐不变的木桶菜糊、地上发霉的草垫子、国民党特务用来折磨……这些，阎肃一一体验。为了亲历上大刑，他还上了"老虎凳"。加到第二块砖时，他感到双腿几欲折断。江姐的痛，痛在他的身上，也痛在他的心里。一个铮铮铁骨的女子，令他热血沸腾；一个呼喊真理的旋律，在他心头萌芽。

此后，阎肃多次下江南、跑四川。

新婚燕尔，上级批了他18天探亲假。他来到妻子所在的锦州部队，在9平方米的小屋内，开始了创作。

功夫不负有心人。1964年9月，《江姐》公演，旋即轰动。一年内连演200多场，观众无不热泪盈眶，拍手称道。

当年11月，《江姐》正在热演。一天晚上，阎肃刚从剧院出来，一辆吉普车突然停在他的身边，车上人喊道："阎肃，上车！紧急任务！"阎肃一愣："紧急任务？我没穿军装！"他只裹了件破旧的黑棉袄，棉裤沾满石灰，一条大围脖奄拉在胡子拉碴的下巴前。

来不及换衣服，车子驶入中南海，阎肃才知道，毛泽东主席深为《江姐》感动，要接见他。

见到久仰的领袖，阎肃激动不已，想说句问候的话，一时不知如何开口；想敬个军礼，却未穿军装。毛主席笑着向他走来，他手足无措地鞠了个躬，想想不对，又赶紧握住主席伸过来的手。憨厚的样子逗得毛主席和在场的人都笑了。

毛主席握着他的手，一番鼓励后，送他一套《毛泽东选集》。阎肃坚定地回答：我一定好好努力！

"我一定好好努力"，脱口而出的七个字，重若千钧。这短短的七个字，是阎肃一生一世对党对人民的庄严承诺。

1991年，江泽民等中央领导观看《江姐》，感慨："忘记过去，就意味着背叛！"

2009年元宵节联欢晚会，党和国家领导人同首都知识界代表欢聚一堂，共度佳节。晚会上，胡锦涛主席与阎肃亲切交谈，询问工作生活情况，表达关爱之情。

半个世纪以来，这套《毛泽东选集》，阎肃一直如宝珍藏。中央领导同志的鼓励，他终生难忘。

因着这种力量，60年来，阎肃与共和国一同成长，始终坚守诺言，以披肝沥胆的深情耕耘，以排山倒海的气势创作，以兢兢业业的精神奉献。

因着这种力量，60年来，阎肃创作了上千部作品，旋律传遍祖国大街小巷。其中百部作品荣获"文华奖"、"五个一工程奖"、全军战士最喜爱歌曲等全国全军大奖。尤其是《江姐》《党的女儿》等均获文华大奖和文华编剧奖，《忆娘》《红灯照》获得文化部大奖。他的成名作《江姐》，在半个多世纪里，先后复排5次，演出500多场，创造了中国歌剧史上的奇迹，影响和教育着一代又一代的中华儿女。60年的辛勤耕耘，阎肃荣誉等身。在这张长长的荣誉名单上，有一份荣誉阎肃最为珍惜——优秀共产党员。

阎肃家一楼客厅一角。（郭幸福 摄）

1991年，中国共产党诞生70周年，阎肃创作献礼歌剧《党的女儿》，恰逢国际风云突变。作为编剧，阎肃以饱满的政治热情18天完成了创作任务。总政歌剧团原团长，该剧作曲王祖皆无限感慨："古稀之年，三天一场戏。没有坚定的信念，没有饱满的热情，是完成不了的。"

该剧荣获文华奖、文化编剧奖、作曲奖、三个表演奖，第六届全军文艺汇演一等奖。被国家文化部选作庆祝建国50周年戏剧作品，登上了国庆游行彩车。

魂系蓝天
"白云为我铺大道，东风送我飞向前。"

1959年，阎肃被安排到广东佛山空军某部当兵。时间长了，他和机械师、机械员、特设师、无线电员，全都交上了朋友，连飞行员也都熟悉了。有一天傍晚，看着别人的飞机都回来了，而阎肃所在机组的一架飞机却还没回来，大家就在晚霞中静静地望着蓝天。这时候，阎肃忽然灵光一现，地上的机务人员和天上的飞行员，心都在天上。对，地上的他和天上的他，都爱这片天。

当天晚上，阎肃将当兵一年的积累全都付诸笔端，《我爱祖国的蓝天》歌词很快就出来了。这首歌，自此传唱半个世纪。

1952年，阎肃两次随部队入朝慰问演出。

从朝鲜战场回来，阎肃找到了人生和事业的方向。1953年，他穿上了军装，暗下决心：誓为亲爱的人民和战友讴歌一生！

1955年，阎肃调入空军政治部文工团，一干就是55年。

如今，阎肃已是服役近60年的老兵。他始终坚信自己根在军营、魂系蓝天，爱兵、写兵、唱兵、励兵，是他的神圣使命。

他创作的作品三分之二写军营、写空军。他创作的第一首歌《我的银燕是祖国造》，创作的第一部歌剧《刘四姐》，都是军旅主题，反映军人的豪迈情怀和英雄气概。

1964年，阎肃为写《雪域风云》去西藏体验生活。时值12月中旬，天寒地冻，雪域高原白茫茫一片，分不清哪里是路，哪里是人。

阎肃坐在解放牌大卡车的驾驶棚里，一路颠簸。海拔愈走愈高，气温愈降愈低，道路愈走愈险，18天的经历像从生走到死。到了海拔四五千米、气温零下40多摄氏度的目的地，他已经冻得说不出话来。

辗转反侧中，天终于亮了，一名战士给他打来洗漱用水。阎肃问："你来这里多久了？"

"两年。"

阎肃惊呆了。

因为高原反应，战士的脸上起了斑，眼睛已患雪盲症。这样的士兵在兵站举目皆是，寂寞、高寒、缺氧，三大狂魔时时侵蚀着他们年轻的身心，然而没有一个人动摇。

阎肃良久无语，蓦地给战士敬了个军礼："你是大英雄！真英雄！"

1987年，阎肃到辽东半岛军营。在与官兵们的座谈当中，深切感受到战士们舍小家、顾大家，立足本职、无私奉献的高尚情怀，一曲反映改革开放初期官兵精神风貌的《军营男子汉》随之响彻全国。此后，他又推出《长城长》，获得最喜爱的歌特别奖和解放军文艺奖。

2000年，为配合军事斗争准备和战斗精神培育，70岁的阎肃不到一个月就创作了《打赢歌》等战斗精神歌曲，表现出强烈的使命感、责任感。

几十年来，阎肃上高原、下海岛、走边防，几乎走遍了空军部队。为官兵讲课辅导，培养文艺骨干，创作百余首军歌、师歌、团歌，深受官兵爱戴欢迎。阎肃也先后被评为空军优秀文艺工作者，荣立二等功1次、三等功4次。

进入新世纪，古稀之年的阎肃依然宝刀不老、勇挑重坦。2003年，舞

阎肃在人民大会堂"9·3"晚会现场，担任《胜利与和平》晚会策划与顾问。（郭幸福 摄）

剧《红梅赞》创演时，73岁的阎肃主动请缨，连夜赶写、录制画外音。他常常从早上8点进录音棚，一直工作到次日凌晨，为该剧荣获首届国家舞台艺术十大精品剧目作出了突出贡献。

2008年汶川发生特大地震。空降兵15勇士冒着生命危险，从5000米高空跳伞营救灾区人民的事迹又一次感染了阎肃。他连夜创作出歌曲《云霄天兵》，热情讴歌人民空军党缔造、人民空军爱人民的蓝天忠魂。

阎肃还先后参与筹划了《复兴之路》、庆祝建军80周年大型文艺晚会、总政"双拥"晚会等全国全军的大型文艺活动，为繁荣军队文艺事业作出了突出贡献。2009年，总政组织第九届全军文艺汇演，让阎肃当评委。他以79岁的高龄，60多个日夜，马不停蹄地奔忙在南疆北国的军营里。同年，在创排庆祝空军成立60周年文艺晚会《阳光下高飞远航》中，他毅然坚守排演现场，亲自参与筹划指导，晚会得到大家一致好评。

艺满人生

"敢问路在何方？路在脚下。"

阎肃的第一份工作，是在剧团拉幕打杂。

"我这一生没有别的窍门，只懂得四个字：'苦干，实干。'"

从艺的最初5年，阎肃常常一个人充当七八个角色。拉大幕，他拉得比别人讲究；跑龙套，他跑得比别人认真；点汽灯，他点的汽灯分外明亮；收道具，他整理的道具永远整整齐齐；打杂活，他年年干成先进。

他的名字，蜚声中外；他的作品，家喻户晓。可是，对"词坛泰斗"、"国宝级艺术家"这些评价，他一概不承认。"可别把自己当回事，当个什么人物。真的！"这是他挂在嘴边的一句话。

"对我的评价，我唯一承认的，就是勤奋。"阎肃认为，人，最重要的是懂得给自己定好目标，再穷尽智慧去实现它。即使成不了精品，也留不下遗憾。

他的生活里没有星期天，常常是一杯茶、一包烟、一本书或一出戏度过一天。由于长年伏案，他的背驼了、腰弯了，可他乐此不疲，无怨无悔。

"他这辈子，除了读书看报、看戏、听音乐会，就没什么爱好。他的驼背就是他勤奋的见证。"老伴李文辉说。李文辉睡眠不好，常常是半夜12点醒来，阎肃在读书；1点醒来，阎肃在写作；两点醒来，阎肃没有睡；3点醒来，阎肃还在忙。几十年过去，天天如此。

阎肃将自己的艺术成就总结为一个字——"杂"。

对各门类艺术，他涉猎广泛，认真取经。电影、京剧、交响乐、舞蹈、川剧、清音、双簧、评书、粤剧、梆子……什么都看，什么都学；哪个剧种有什么绝活，精彩的段落，他都清清楚楚。钱少就买最差、最便宜的票，或者十几站地走路过去，再走路回来，省下车票钱买戏票。他读书，更是包罗万象。中国的、外国的、古典的、现代的，无所不读，无所不精，许多经典名著的段落，他因太过熟悉脱口而出。这些，都潜移默化地变成了他艺术创作的素养和窍门。

对于这种痴狂，阎肃说，"没有办法，爱到深处。"此世，他为艺术而生。

今天，荣誉等身，他却一直保持冷静的头脑，保持勤奋的状态，因为"荣誉本身就是一种责任"。

凭借这种责任，1983年，改革开放艰难起步，阎肃创作的《敢问路在何方》，伴随电视剧《西游记》的热播走进千家万户。这首歌唱出了中华民族勇于探索、自强不息的精神，激发了人们冲破枷锁、投身改革开放的豪情壮志。

凭借这种责任，他创作于同一时期的歌剧《特区回旋曲》，艺术地反映了特区建设的成就，回答了"市场经济到底是姓社姓资"的问题，有力

2008年2月21日晚，阎肃、苏叔阳和姜昆共同主持2008年元宵节联欢晚会。（新华社记者　庞兴雷　摄）

地证明了改革开放是发展中国特色社会主义、实现中华民族伟大复兴的必由之路。

凭借这种责任，1998年，为支持抗洪抢险和灾区重建，阎肃不顾68岁高龄，冒着酷暑深入抗洪一线体验生活，策划组织《我们万众一心》《携手筑长城》《同舟共济重建家园》《爱我中华新建家园》《抗洪英雄颂》等大型抗洪赈灾义演募捐晚会，在海内外产生巨大影响，为夺取抗洪救灾胜利作出突出贡献。

凭借这种责任，2009年新中国成立60周年大型音乐舞蹈史诗《复兴之路》中，阎肃再次以80高龄投入创作。作为文学部主任，阎肃披星饮露，精益求精，该剧公演后获得空前成功，在全社会引起巨大反响。

60年来，凭借这种责任，阎肃为党和国家重大文化活动振臂高呼、倾情创作，披荆斩棘、痴情不悔。

也正是凭着这种责任，他60年讴歌时代，讴歌党，讴歌人民，讴歌军队，眼里容不得一点沙子，容不得艺术一丝"走调"。他非常反对艺术创作走"下三路"，他认为这不仅是艺术的倒退，也是人格、党格、国格的倒退。

他曾创作《化蝶》："花非花，雾非雾，夜半来，天明去……"缠绵悱恻，情深意切，充满浪漫主义色彩。"主旋律作品要深入人心，首先要入耳，要像涓涓清泉滋润入心。"阎肃说。

又有谁知道，那首传唱大江南北的《雾里看花》，是阎肃为纪念《商标法》颁布10周年晚会创作的"打假歌"呢！

皓首情深

"一颗心，七分月，三更梦，淡定从容伴君行。"

"我也是80后！"80高龄的阎肃如是说。

"任黄花碧水，青山红叶，白发秋风。随你奔波这久，也算是五彩人生。咽下了千杯喜，百盅泪，万盏情，仍留得，一颗心，七分月，三更梦，淡定从容伴君行……"这是阎肃为庆祝与老伴的银婚，写的一首《伴君行》。

　　艺术恩师、为人楷模、普通一兵、一颗童心、吉道热肠、时尚老头，这是人们对生活中的阎肃的形象概括。"天分、勤奋、缘分、本分"，"得之坦然，失之淡然，遵其自然，争其必然"，这是阎肃自己坚守的做人原则。

　　作为80高龄的老艺术家，阎肃从没有把自己当成什么名家大腕，而是以一名普通老兵、普通党员的标准严格要求自己。他经常说，"得意时不要凌驾于组织之上，失意时不要脱离于组织之外"。这些年，无论是外出参加活动，还是下部队体验生活，他都主动向文工团领导请假销假；每月领到工资第一件事，就是向党小组长交纳党费。他视名利淡如水，从不主动向组织提要求。入伍57年来没有担任过领导职务，调职调级上也从没有一句牢骚怪话。对单位分房也处之泰然，始终抱着一颗平常心，聚精会神搞创作，一心一意干事业。

　　2000年，第九届全国青年歌手电视大奖赛。

　　在荧屏上，观众看到，担任综合素质考试评委的阎肃，三次在电视直播当中公开纠正错误，充分体现了一名老党员、老军人的崇高品格，赢得了众人的敬重和赞誉。

　　"我们不仅是在做艺术，也是在做人。"他说。

　　阎肃担任过众多比赛和评奖活动的评委。谈起当评委的感受，他说，最重要的是要有一颗公正的心。"我相信，只要你说的是实话，坚持原则，哪怕你在批评，选手也会欣然接受。这是对文艺新人真正的爱护。"阎肃是出了名的"只认作品不认人"。无论获奖者是名不见经传的小辈，还是大名鼎鼎的大腕，他都坚持从作品质量出发，不分出身、不看地位、不徇私情。

阎肃始终把培育新人作为己任，不仅在艺术上手把手毫无保留地传授，而且用人格的魅力感染和教育青年演职人员。在阎肃的帮带下，文工团先后涌现出了词作家石顺义、车行，作曲家孟庆云、姚明，青年演员刘和刚、王莉等一大批优秀人才。

然而，乐于助人的阎肃，对待家人却很"严肃"。有人建议阎肃的老伴办个文化公司。阎肃的老伴本来就对艺术十分热爱，因而有些心动。但阎肃一听就坚决反对，而且声明家人都不可以做。

这位始终活跃在社会主义文艺工作第一线的老人，担任着中国红歌会终审评委、中国戏剧家协会顾问、中国音乐文学学会名誉主席、中国音乐著作权协会常务理事等10多个社会职务，每个职务他都兢兢业业，呕心沥血。

阎肃说，我永远是一名文艺新兵，不断选择新的跑道。

80华诞的贺寿之声还在耳畔萦绕，阎肃已迈出矫健的步伐，踏上新的征程。临行前，他笑呵呵地说："一个人，要想永远年轻，就要和历史赛跑。现在，我又站在了新的起跑线上！"

（2010年7月19日《人民日报》）

站立在他的歌声中

◎ 晨 枫

 有着60年超常军龄、在80高龄时被誉为德艺双馨艺术家的阎肃，当今依然以极高的出镜率，活跃在演艺世界里，闪现在人们的视野中，这在文艺界实属罕见。

 将近50年前，民族歌剧名作《江姐》的问世，无疑是我国现代戏剧与音乐艺术的一个里程碑。而作为编剧的阎肃，也自然成为了一位无可争议的重量级成功者。然而，任何人的成功的偶然都会孕育在必然之中，阎肃也同样。如果追溯他的人生轨迹就不难发现，在步入专业歌词与歌剧创作之前，阎肃首先经历的是一段人生的历练。

 在抗日战争全面爆发，我国东北、华北的大好河山相继遭到日本侵略者蹂躏的年代里，幼年的阎肃便举家离开自己的故里河北保定到了重庆。在那里，他从一所教会学校先后进入了重庆南开中学与重庆大学。1950年，他决然从重庆大学肄业，相继在西南青年文工团与西南军区文工团，经受了一个文工团员从政治思想到艺术能力的艰苦打磨。1955年，他被调入空军政治部文工团后，更是从普通团员到业务秘书、又从演出队分队长到业务助理，再从创作员到创作组组长，几乎是一步一个脚印地再次全方位地实践了演出团体艺术生产的整个过程。可以这样说，正是这种貌似繁杂的人生经历，成为了一种无形的财富，使得阎肃为自己夯实了一个有机

阎肃和第五代江姐在一起。（郭幸福 摄）

会在专业创作中出手不凡的坚实社会认知与艺术实践基础。

所以，如果说20世纪60年代初的那首《我爱祖国的蓝天》（羊鸣作曲），从空军唱响并随即传遍整个神州大地，是阎肃交给祖国的一份合格答卷的话，那几年之后，一部歌剧《江姐》刚一上演就产生出的强烈艺术冲击波，便无可辩驳地使他登上了自己艺术生涯中的一个高峰。这部产生于60年代中期的作品，在塑造一个战斗在敌人腹心地带中的共产党人对革命事业忠心耿耿，为革命利益而宁死不屈、视死如归的优秀品质时，其剧词在追求民族气质方面所取得的成就是显而易见的。就其所涉猎的题材范畴以及所褒扬的人物精神品质而言，无疑凸现了一种共产党人的气概非凡、大义凛然；由于作者遵从我国人民群众在长期对丰富多彩、流派纷纭的戏曲艺术欣赏中形成的习惯，进而着意吸收了戏曲剧词的一些章法与形式，在表现豪迈气势、炽烈感情的过程中，又糅进了一些柔婉细腻的表现手法与典雅考究的语言特征，从而使剧词具有了一种于柔曼中见刚健、于绮丽中见雄伟的独特艺术感染力。既充分揭示了人物丰富的内心世界、有力地推动了剧情的合理发展，又便于观众喜闻乐见，易于接受。这一点，显然是促成歌剧《江姐》近50年来保持其持久艺术生命力的原因之一，也为我国歌剧的民族化提供了不可忽视的宝贵经验。

如前所述，正是阎肃的早年学商，尔后从艺的人生体验、舞台实践，尤其是他对故乡北方的京剧、曲艺、戏曲，直至民族习俗、方言俚语的熟悉与精到等等，促成了他进入新时期之后，便如鱼得水般找到了自己人生与艺术同社会的又一个最佳契合点；表现在艺术创作上才思如泉、左右逢源，获得了再一次尽情施展才智的天然良机。此时的阎肃，除了继续坚持对歌剧创作的探索并相继推出了歌剧《忆娘》（合作）、《飞姑娘》《特区回旋曲》《党的女儿》、《雪域风云》（合作）等剧作的同时，则以更为充沛的精力与更加娴熟的笔触，源源不绝地向社会、向人民捧出自己的歌词新作。

可以这样认为，新时期里阎肃的歌词创作一直呈现着一种全面收获的态势，他笔下的不少歌词，已经构成了系列性的作品，比如，军营系列、京韵系列、社会生活系列等等。而在谈及他的军营系列作品时，我们不能不首先想到的是以《军营男子汉》（姜春阳曲）为代表的一批作品。作为部队专业作家，为兵服务的责任心与使命感使得阎肃总是格外关注部队官兵心理的细微变化，而这些变化又无一不是社会变化的一种折射。尤其是随着以经济建设为中心的党的工作重心的转移，不仅引起了社会生活的剧烈变化，也直接冲击着人们原有的道德观、价值观，而这一切又不能不对军营中官兵们的思维意识产生影响。同小米加步枪的年代里人们为了翻身解放、分得三亩田地一头耕牛的小农意识不同的是，今天的士兵们，是在一种丢弃了个人多种发财获利途径的情况下，才穿上军装的。这是一代不同于往昔的军人群体，更高的生命追求与更高的精神层次，构成了他们作为时代军人的灵魂本质。这些，便是《军营男子汉》在音乐赋予它以流行音乐的节奏韵律感的同时，歌词本身所具有的异常鲜明的军人时代特征之所在，这也恰恰是阎肃在军旅题材歌词中较早捕捉并较完美表现出来的。此类歌词还有如《军营春秋》等，都揭示了当代军人内心世界的丰富性与多彩性；而《长城长》则从一个侧面喻义根深蒂固的军民关系，如果将这些作品同60年代的《我爱祖国的蓝天》在创作的思维意识与表述语言上加以比较，30年间作家自身所发生的观念上的巨大变化，自然也会一目了然。

阎肃的另一类产生广泛社会影响的系列歌词，便是他的京腔京韵歌词。由于对我国京剧、戏曲艺术的久惯劳成，又有着创作诸如《红灯照》《红岩》《年年有余》等京剧剧本的丰富经验，加之对于北京的人情习俗、方言俚语的同样熟稔，促使阎肃创作了诸如《故乡是北京》（姚明曲）《前门情思大碗茶》（姚明曲）《北京的桥》（冯世全曲）等京味十足的歌词作品。以那首公众异常熟悉并喜爱的《北京的桥》为例，文字本身并未刻意追求华丽，却显示出了在雅俗共赏、老少皆宜方面表现出来的妙笔生花。但让我们更为钦佩的是，作者分明是站在一个全新的现实高度上，一边将目光投向北京的桥所能够涵盖的历史变迁，同时也更加关注今天正在拔地而立的座座新桥所昭示出来的北京的崭新变化与飞速发展，从而在给人以历史沧桑感与厚重感的同时，也给人以鲜活的时代感与自豪感。这里，我们无论如何不能不叹服阎肃在社会历史知识的积累上高人一筹的内在优势——对于北京那一座一座古桥的画龙点睛的表述，显然是在颇费了几番神思，又一一掌握了每座桥的故事与特征后才最后成文的。也许我们可以这样认为，在当代歌词作家群体中，对这类题材的把握与熔冶能够达到如此炉火纯青的地步者，恐怕非阎肃莫属了。

如果说这类京味歌词的优势在于作家对于北京民俗风情的准确独到的体验的话，那么《唱脸谱》（姚明曲）等，则是阎肃关于我国戏曲艺术的

2010年7月25日，著名京剧表演者孟广禄在演唱阎肃作品《唱脸谱》。（新华社记者 罗晓光 摄）

另一类系列歌词，其特点则更加鲜明地突出了这位擅长于歌剧、戏曲的剧作家与众不同的特殊功力之所在。中华民族向来以五千年悠久灿烂文化而名扬世界，其中丰富多彩的戏曲艺术尤以其品种多样、流派各异而有着无可取代的席位。尽人皆知，天南地北的戏曲舞台上自古至今上演的尊贵卑贱、忠烈邪奸，无不是大千世界万千生命的影射与命运的寓言，那些生旦净末丑们挂着脸谱，在演义着或平淡、或离奇、或热烈、或寂静的人生故事，而每个观众又既在戏里，又在戏外，时而感叹，时而品味……但要对如此纷繁复杂的艺术进行高度概括，并将其纳入一首仅有十几行之多的短小歌词之中，实非轻易之举。然而，阎肃毕竟是谙熟戏曲的词林高手，他恰恰抓住了中国戏曲足以征服世界的几个显著特点，并用"抬手门自开，挥鞭马就走，脸谱画群英，袍带扮王侯"与"舞旗能作浪，摇桨便是舟，宛转抖长袖，啼笑亮歌喉"短短40个字，将征服五洲四海的中华民族这一艺术瑰宝之魂灵、之内核准确而形象地概括出来，让人在这以一当十的简约中去体味丰富，去品嚼无穷。

这似乎就是阎肃的歌词——即使承载万钧的题材到了他的笔下，却仿佛没有任何沉重感，也很少带有悲苦感、伤痛感，甚至是在逆境中，作者也常常善于在居高临下、俯拾仰取的艺术酿造后，带给你一种敞亮、豁达的强烈感染。在他涉笔电影、电视剧并不算多的情况下，那首为电视连续剧《西游记》创作的片尾主题歌歌词《敢问路在何方》（许镜清曲），只一句"敢问路在何方？路在脚下"，便把片中主人公历尽艰险、受尽磨难，却步履不止、勇于跋涉的意志品质表述得简洁、准确，又富有深刻的哲理意趣。在字里行间，看不到任何被逆境所摧残的灵魂扭曲的印迹，相反，整首歌词却被旷达、自信、生生不息的坚韧与乐观向上的豪情，充溢着、荡漾着，从而成为了一曲妇孺皆知的热唱歌曲。

让我们不能不提及的是那首受命于商品销售中的打假电视晚会而写成的《雾里看花》（孙川曲），在播出后竟未受到任何主题晚会的制约，进而成了一首脍炙人口的流行歌曲。这分明是一个充满了理性思维的题材，因为对于真假的识别与判断，往往愈是疏于情感的因素，才愈便于接近真实。但阎肃即使面对这样一个并不具备滋生艺术天然因素的题材，依旧显示出了自己对各类题材善于进行自我处理的过人能力——只一句"雾里看花，水中望月"便找到了恰到好处的意境，并生发出了对人间的种种真假难辨的人情、事物的深刻感叹，从而给人以深层的省悟与启迪。与前面的一些作品比较，这一首在风格特征上少了一些旷达与洒脱，却多了几分凝重与哲思，而内在的气象依旧呈现着纷纭万千的情态。

关于阎肃歌词艺术，王晓岭曾用"博、大、精、深"加以概括，他认为，博：是"题材知识面广博"；大：是"大手笔，大气象"；精：是

"结构精妙，语言精湛"；深：是"意境深邃"。我以为这种评价是言之成理的。而我更感到，他的歌词中潜藏着的一种洋洋洒洒的帅气，总让你感到天朗气清、心胸开阔。所以，我以为，胸纳百川、阅尽沧桑，在大含细入的匠心独运中，阎肃形成了以洒脱流畅、明朗机趣为主导方面的艺术风格；而古典诗词的典雅精致、戏曲剧词的野趣俚语，以及人生体味的丰富多样，又使他的歌词作品呈现出了从不墨守成规、拘泥呆板的优势，给人以常写常新的印象。

在歌词领域里笔耕了逾半个世纪的阎肃，不仅以自己的一系列成功之作傲立词坛，还以自己艺术风格的独特性与鲜明性有别于他人而占据着本领域无可动摇的重要地位，这是令我们为之欣喜的。细心的人们还不能不注意到，即使到了今天，阎肃依旧执着地坚守着自我、自主、不从众、不随俗的创作原则，始终不懈地进行着自己灵活多样的种种探索，对一位笔耕了已逾半个世纪的艺术家而言，这一点就更加弥足珍贵了。

（2012年1月16日《音乐周报》）

中国词坛泰斗

◎ 郭幸福

　　艺术恩师、为人楷模、普通一兵、一颗童心、古道热肠、时尚老头，这是人们对生活中的阎肃的形象概括。"天分、勤奋、缘分、本分"，"得之坦然，失之淡然，争其必然，顺其自然"，这是阎肃自己坚守的做人原则。

　　作为80高龄的老艺术家，阎肃从没有把自己当成什么名家大腕，而是以一名普通老兵、普通党员的标准严格要求自己。他经常说，"得意时不要凌驾于组织之上，失意时不要脱离组织之外"。他视名利淡如水，从不主动向组织提要求。入伍60年来，没有担任过领导职务，调职调衔上也从没有一句牢骚怪话，对单位分房也处之坦然，始终抱着一颗平常心。聚精会神搞创作，一心一意干事业。

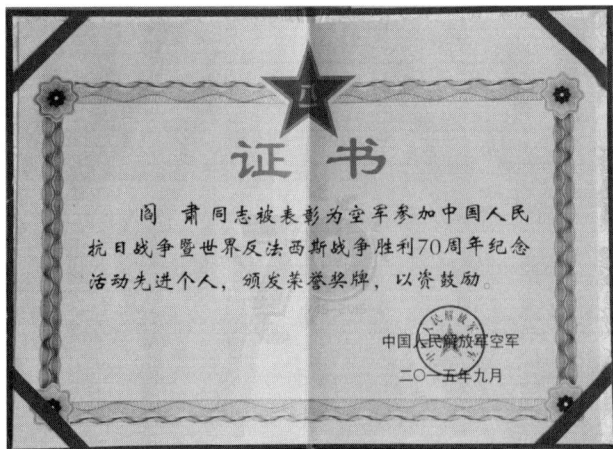

　　2015年9月，阎肃被表彰为空军参加中国人民抗日战争暨世界反法西斯战争胜利70周年纪念活动先进个人。

　　60多年来，阎肃

和共和国一同成长。创作出了上千部文艺作品，旋律传遍大街小巷。其中百部作品荣获"文华奖"、"五个一工程奖"、全军最喜爱的歌曲等全国全军大奖。几乎每个时代，都有阎肃的作品为人们所熟知，比如歌曲《我爱祖国的蓝天》《长城长》《敢问路在何方》《雾里看花》，歌剧《江姐》《党的女儿》《忆娘》《刘四姐》，京剧《红岩》《红色娘子军》《红灯照》……他的成名作歌剧《江姐》，在半个多世纪里，先后复排5次，演出500多场，创造了中国歌剧历史上的奇迹，影响和教育着一代又一代的中华儿女。

"我一定要跟你聊聊我的京味儿歌曲，这可是来之不易的啊！"阎肃一脸自豪。的确，像《前门情思大碗茶》《故乡是北京》《北京的桥》《唱脸谱》等都深入人心。1990年北京电视台春节晚会，由阎肃命名《京腔京韵自多情》，里面19首歌就是他写的这个系列，加了些小品就串成了一台晚会。直到现在，很多北京人还津津乐道于这台晚会。京腔京韵写得地地道道，而事实上，阎肃并不是北京人。他祖籍河北保定，后再重庆生活多年，1955年因加入空政文工团才来到北京。

阎肃说，鲁迅、老舍、曹禺、巴金"四大家"给予了他这份京味。"四大家"的作品他读得最多，老舍和曹禺的小说、剧本，一本不落地全看过；他还爱看戏，人艺的戏，一出不落全看过；天桥的大戏、小戏、相声、曲艺，也全看过。他还会说相声，喜欢听相声，也爱写相声。这对他的京味儿创作很有帮助。

"艺术创作离不开生活，生活不会欺骗人，就像《北京老字号》，我根本不会刻意收集什么材料，因为都在肚子里呢！年轻时，我扮演过曹禺作品《北京人》中的江泰，那可是一个精于吃喝玩乐的家伙，他有三大段台词，用贯口把北京的各种名吃都归纳了出来。我对这些台词倒背如流，写时信手拈来。"还有一例，他当年写京剧《红岩》，真就是到了渣滓洞，戴上手铐、脚镣，体验了一星期坐牢的滋味。

在阎肃家宽敞的客厅中，有一面墙的壁柜里全是他获得的各种奖状、奖牌、奖杯和荣誉证书。这辈子得过的荣誉有多少？他自己也说不清楚。"得而坦然，失之淡然，争其必然，顺其自然。每个人在历史长河中，不管你活多大，在天地之间都是一个孩子。岁月你是挡不住的，生命规律不可抗衡，但你的心可以永远年轻。"

常有人问阎肃，为啥能创作出这么好的歌词？答曰："读万卷书，行万里路。我在创作上没有别的窍门，只有这八个字。"

一旁的老伴也说，阎肃的驼背是他勤奋的见证——因为经常伏案读书。

阎肃30岁以前的休息时间不是看书，就是进戏园子，钱少就买最差、最便宜的票。当然，他的"爱好"绝不是简单的消遣和玩票。他对各种形式的戏剧、曲艺都认真学习，像川剧、清音、单双簧，四川评书、越剧、梆子等，都看都学，哪个剧种有什么绝活、精彩段落，他都清楚。"我舍不得吃，舍不得抽烟，舍不得玩，钱都给了戏园子。"

阎肃看书更杂，包罗万象。"平时大家喝咖啡的时间，打麻将的时间，我都在读方方面面的书籍，如饥似渴地了解外部世界，吸纳知识和营养。"阎肃对书极其爱惜，他几乎把每本书都包上书皮。如果书皮破了，他就会换新的。阎肃家有藏书一万多册，两面墙的书柜里，很多书都几十年了，还崭新如初。

有人说，阎肃是学问的"杂货铺"。他则坚信一条，那就是"五谷杂粮"养人。

阎肃说，他是个"吃什么都香"的人，楚辞、武侠小说、诗歌、戏剧，全都喜欢。有的人研究《楚辞》，绝对不愿意看武侠小说；有的人喜欢写诗，就绝对不会喜欢看理论文章；写小说的就不一定喜欢看剧本，比如莫里哀、莎士比亚、曹禺，压根儿就不理。而我偏偏这些都喜欢。古典音乐我也喜欢，京戏我熟悉极了，川剧我很多剧本都能背，川剧的剧本很

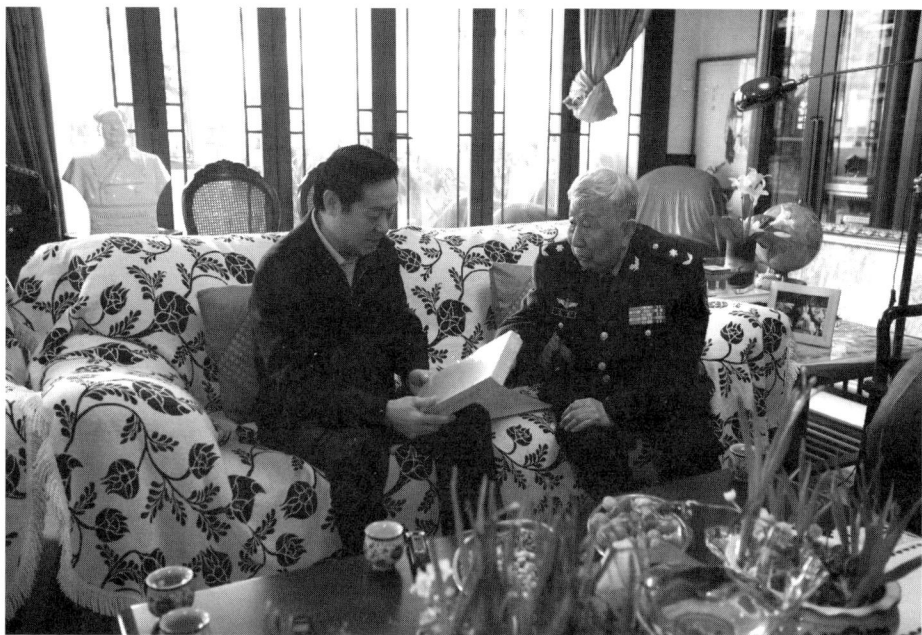

2015年2月10日，中宣部部长刘奇葆看望阎肃。（郭幸福 摄）

讲究文学性，我写词和这些有极大关系。

阎肃博古通今，也是得益于记忆力好。一次，他给大家讲《水浒》，作曲家姚明为了"考验"他，说："我说《水浒》里108将的名字，你说外号，看你能不能对上。"结果姚明每说一个名字，阎肃都能很快说出外号，在场的人无不惊讶。

正因为博采众长，睿智有道，阎肃成为了重量级文艺"大策划"，先后为央视十八届春晚，二十三届双拥晚会、文化部春晚、公安部春晚、红歌大赛等活动担当总体设计、总策划或者总撰稿。2009年，他担任了大型音乐舞蹈史诗《复兴之路》的文学部主任。

也因此，有人把他比作晚会策划的"定海神针"。阎肃在参与大型晚会等活动中，经常能出奇制胜。不管是音乐、舞蹈，还是小品、戏剧，在各个艺术门类中，阎肃都是个"点子大王"。无论在什么场合，他总能敞开怀抱，无私面对大家，只要有点子，肯定说出来。

"阎老在整体结构上谋篇布局高屋建瓴，是个能出大主意、具有大智慧的艺术家。国家活动，有令就到；军队活动，他随传随到。"总政宣传部某位领导说。

"为什么我们总请他策划？因为他的精神不老，点子创意不老。"国家文化部艺术司司长董伟说。

"政治上可靠、业务上很精、责任心非常强。阎老是很多导演的主心骨、定盘星。大家都愿意和他合作，除了他艺术素养全面之外，还因为他为人谦和。无论什么性格的导演，他都能合得来。"国家文化部艺术司副司长张凯华说。

……

文艺同行对阎肃不吝赞叹，这让阎肃有些受宠若惊。"其实我也就是年龄大、经历多，再就是身体好、能干活、听招呼，组织上一声号令我就去冲锋陷阵了！"2011年，空军成立60周年晚会，他就是策划之一。80岁了还坚持与大家一起加班加点，经常晚上十一二点才回家，有时甚至加班到凌晨两三点。

人们都说阎肃腿勤、手勤、脚勤、脑勤。整天东奔西跑、起早贪黑，累不累？想没想过"罢工"？阎肃低头沉思几秒后说："首先，组织上交给的任务，我一定会尽力完成；其次，杜月笙说，做人三碗面难吃：情面、场面、体面。我这人仗义，经常是抹不开情面，那么多年的老朋友了，人家请你帮忙，能不去？不管帮忙、帮闲，浑身是伤也得往上冲啊！"言毕，他仰天哈哈一笑，颇有"江湖老大"的风范。

"其实，他们不把我当80多岁的人，都觉得我年富力强！不过话说回来，我是能干就干，这其中也有很多乐趣的，创作有快乐，更有成就感，特别是灵感乍现的那一刻，简直太美妙了……"

老夫聊发老年狂。82岁的阎肃，精神矍铄、才思敏捷、话语铿锵，说至兴处，眉飞色舞、手舞足蹈，恰似孩童。

　　阎肃习惯自称"阎老肃"，其实他本来不叫阎肃，叫阎志扬。1950年加入西南文工团时，阎肃总爱开玩笑、讲故事。有人给他提意见，说他太不严肃。阎肃说："说我不严肃，那我干脆把名字改成阎肃。"可改了名，他仍然严肃不起来。倒是后来因他"面相老"，又才华横溢，同事们送了个昵称"阎老肃"，而这"外号"跟了他大半辈子。

　　作为文艺界"大人物"，阎肃却从来没有架子。他尊重遇到的每一个人。儿子阎宇回忆说，小时候，他和爸爸一起从家出来，在院里不管是见到花匠、打水的，还是烧水的、扫地的，他都会主动上前打招呼，而且微微鞠躬说："您好！"

　　关于这一点，阎肃幽默地说："我是怕他们紧张，见到我，认识我，我又不认识他们，他们会一时间不知道该怎么做。我主动跟他们打招呼，他们的紧张情绪就没有了。我尊重一切劳动者。"

2015年5月9日，郭幸福与阎肃及夫人李文辉合影。

阎肃担任过众多比赛和活动的评委，谈起当评委的感受，他说，最重要的是要有一颗公正的心。"我相信只要你说的是实话，坚持原则，哪怕你在批评，参赛选手也会欣然接受，这是对文艺新人真正的爱护。"阎肃是出了名的"只认作品不认人"，无论获奖者是名不经传的小辈，还是大名鼎鼎的大腕，他都坚持从作品质量出发，不分出身，不看地位，不徇私情。阎肃始终把培育新人作为己任，不仅在艺术上手把手毫无保留的传授，而且用人格魅力感染和教育青年演职人员。在阎肃的帮带下，文工团先后涌现出了词作家石顺义、车行，作曲家孟庆云、姚明，青年歌唱家刘和刚、王莉等一大批优秀人才。

这位始终活跃在社会主义文艺事业第一线的老人，先后担任CCTV青年歌手电视大奖赛、星光大道和中国红歌会终审评委、中国剧协副主席、中国戏剧家协会顾问、中国音乐文学学会名誉主席、中国音乐著作权常务理事等十多个社会职务，每个职务他都兢兢业业，呕心沥血。

2010年7月25日，剧作家、词作家阎肃作品音乐会在国家大剧院举行，这是他生平第一次办音乐会。

阎肃说，我永远是一名文艺新兵。衷心祝愿阎老这位"80"后词坛泰斗艺术之树长青。

阎肃的奉献情怀

◎ 陈　原

　　颂英烈、咏家园、唱时代，阎肃的神来之笔往往是对情怀的几句勾勒，在他看来，情怀足以令人高尚，可以让时代焕发无穷的魅力。阎肃的笔下如此，他的为人处世更是如此。

　　阎肃最重奉献情怀。至于创作，几十年中难免有应时应景的败笔，例如他曾写过《公社食堂好处多》，后来都被历史所淘汰，但奉献情怀，却经得起时空的考验，永远是做人的精华所在。

心永远在军营

　　阎肃入伍60多年，将自己的一切都奉献给军营，他对军队的感情至深，与战士更是血肉相连。这种奉献还不仅仅在于为部队写歌词、编剧本、策划晚会，而是以一名老军人的身份、以一个战友的情谊，参与军营建设，鼓舞官兵士气，激发新兵的责任感。

　　在中央电视台军事频道的《军营大拜年》节目中，阎肃是顾问，也是艺术总监，大拜年的场景常常设在最偏僻的军营里，每逢除夕前，阎肃只要能抽出时间，都会整装待发。制片人卫晨霞看他年纪越来越大，怕他体力不支，请他坐在家里出谋划策，但他反而比别人更勤快，连去机场都会

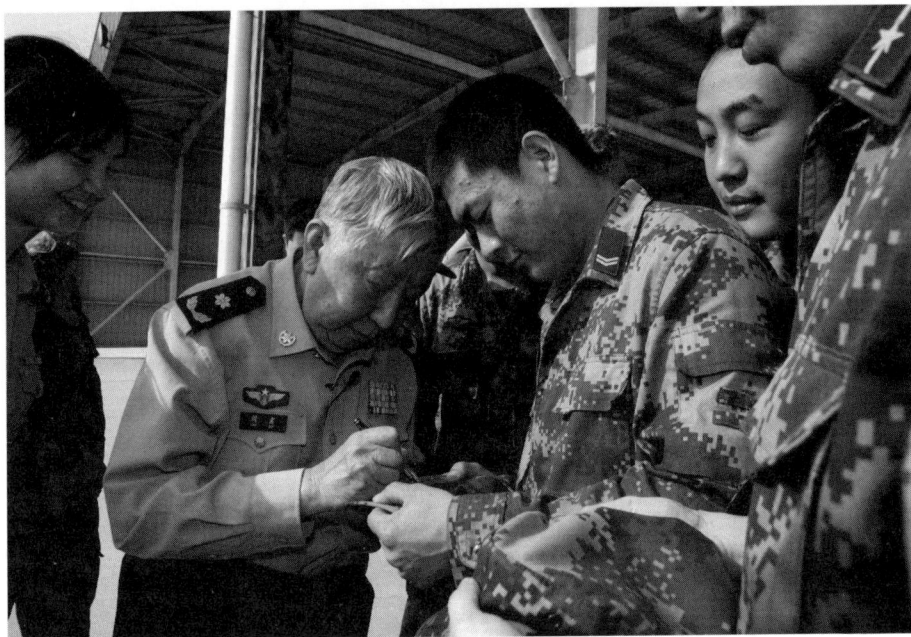

阎肃在基层给战士签名。（郭幸福 摄）

早到。在连队，他像个老兵那样，与战士拉家常，为官兵说快板，还跑到伙房帮厨。"快过年了，我这张战士熟悉的老兵脸可以为兵营增添喜庆气氛，给年轻人带点欢乐。"

阎肃不是演艺明星，但他在军营比明星更受欢迎，因为他语言风趣、多才多艺、和蔼可亲。一次，一个连队想办迎新晚会，邀请阎肃参加，阎肃当即答应，还为此推掉了几项大活动。别人不理解，他回答：一些专业场合我们可以推，但基层官兵的心不能冷。于是，80高龄的阎肃冒雪赶去，还登台朗诵了自己的诗作《似水流年》。

这种奉献军营的情怀也让他的创作始终贴近战士，想战士所想，唱战士所唱，《军营男子汉》为战友们撑腰，《军营春秋》承载官兵的深情，《长城长》凝聚了军人的豪情。1998年，阎肃68岁，他冒着酷暑到抗洪一线与战士们手挽手，还策划了一系列赈灾晚会；78岁那年，抗震救灾，他不能赶到前方，但看到了空降十五勇士的感人事迹，连夜创作一首《云霄天兵》，唱响救灾现场，鼓舞了士气。

一盘饺子足矣

为官兵创作、替军队策划、赴连队慰问，阎肃只讲奉献，绝不索取。在军营之外，他只要一听是为国家、为社会、为公益，闭口不谈报酬。有熟人问他的价位，他还会生气地回答：你怎么也这么俗气！他唯一的要求就是：能不能给我一盘饺子？

新年和春节前后，多少年来都是阎肃最繁忙的日子，常常熬通宵，很少能和家人一起过除夕、迎新年。全国人民最熟悉的春节联欢晚会，作为主要策划人，阎肃奉献很多。曾执导多届春晚的老导演黄一鹤与阎肃合作多年，有阎肃到场，他心里就有了底。"我在导演台工作，别的都交给他了，从来不出差错，连计算时间他都负责。为了能让全国观众过上一个个快乐的大年三十，他付出了太多太多。"

有人以为只有高价才能写出高质量的作品，而阎肃却坚信，不讲价格同样也能出精品，只要心诚。《雾里看花》听起来好像是一首商业性很强的流行歌曲，其实这是阎肃为商标法颁布10周年晚会而作，是一首"打假"作品。"我开始想，这怎么写呢？总不能写化肥、农药、皮鞋吧。后来想起了川剧《白蛇传》，受到里面'开天目'的启发，天目又叫慧眼，于是，借我一双慧眼吧，冒了出来。"

从各类重大主题晚会到抗震、抗洪、抗非典，从央视到各地方电视台，只要是主旋律，只要于国于民有益，阎肃无不倾情全力参与，当策划、做顾问、写脚本、填歌词，在奉献社会的同时，也带来了创作丰收。《前门情思大碗茶》《故乡是北京》《北京的桥》等19首京腔京韵系列歌曲，就是他和作曲家姚明一起为生活了几十年的北京贡献的一组佳作；而他为北京电视台写的《唱脸谱》，还被收入小学课本。

甘当新人之梯

躬身为桥，挺身为梯，这就是阎肃。在阎肃的无私扶持下，一代代艺术新人在茁壮成长。

歌剧《江姐》的五代演员，无论是正面人物还是反派人物，他都曾一个一个地耐心讲述历史背景、人物特征，一句一句地点拨。青年歌唱家刘和刚在第五次复排时演的是华为，他过去没演过歌剧，怕演砸了。阎肃鼓励他：我是看着你走过来的，我相信你。从此，由台词到走位，阎肃一一辅导。最后，在阎肃的鼓励和指导下，刘和刚演得非常精彩。

现任空政文工团副团长的陈小涛已经是出色的歌唱家。1979年他刚进团的时候团里条件艰苦，"我们住的是平房，外面还下着大雪。阎老他们特意抱着大衣来看我们，让我们立即感受到一股暖流。阎老还提议团里的老艺术家们每家送一道菜给我们，记得阎老拿来的是

2014年7月，阎肃为空军文艺骨干授课。（郭幸福 摄）

热气腾腾的八宝饭，吃着真香。从那时起，我成长的每一步都离不开阎老的帮助。"

阎肃是名人，但看起来就是个乐呵呵的老头，见谁都会主动打招呼，还微微鞠躬，清洁工、花匠、服务员都是他的熟人。在公共场合，他是被包围的对象，合影的、签名的，他无不满足，经常半个小时动弹不得。一位服务员请他合影，他说明天吧。大家很奇怪，阎肃怎么变了。第二天才明白，原来是因为那天穿的太随便，所以要换一身军装再来。与人为善、平等待人，这是阎肃的情怀所致。

"蜂儿酿就百花蜜，只愿香甜满人间。"这是阎肃笔下的一句著名歌词，也是他始终保持的情怀。

（2015年11月27日《人民日报》）

从生活到艺术：路是怎么走出来的

◎ 任晶晶　郭洪波　李雄飞

　　每当面对这位硕果累累、德高望重的老艺术家时，我总是会想到这样一些问题：他那些优美的作品到底是怎么创作出来的？是凭着过人的才华还是靠着不知疲倦的勤奋？是因为他脚踏实地的努力还是因为屡被灵感眷顾的幸运？我总想从他的经验中发现艺术创作成功的秘密。

为有源头活水来

　　生活是艺术永远不竭的源泉。这是一句老生常谈，但也是一条朴素而切实的真理，更是一条永远有效的创作原则。刚开始从事创作的阎肃对此也没有特别的认识和感受，但后来一次"被安排"的长达一年的军营生活，让阎肃不仅接受了这一真理和原则，而且还身体力行地践行着，一丝不苟地体验生活，寻找艺术创作所需要的真切感受和丰富细节。

　　那是1958年，年轻的阎肃被调到空政歌剧团创作组成为专职的创作人员。当时的他老大不愿意，一是因为不愿离开喜爱的舞台；二是感觉专业创作压力大，也怕自己写不好要"挨板子"。紧接着，阎肃等创作组的几位同志被通知下到部队当兵一年，领导也没有给他们安排任何具体的创作任务，就是让他们安心当兵。开始的3个月，他们几个人都是捏着鼻子干活儿，主要工作就是种菜，心理落差特别大，整天无精打采。一天，阎肃突然想通了，并总结出一条人生箴言：阅历即财富、主动便自由。他解释自己总结出来的这一理论：如果总想着是领导让我来当兵的，我是来熬的，自己就会处处被动。如果换位思考，是我想来当兵的、我愿意当兵，那么我就会主动投入生活，一切就会变得美好。想通了的他们变得热情高涨，很快和战士们打成一片。后来，他们的工作也"升级"了，开始擦飞机、维护飞机，这对年轻的他来说是件充满新鲜和好奇的工作，虽然很辛苦，但特别喜爱。一天，他正在飞机现场保障飞行，别的飞机都已经返场了，唯独他们机组的飞机还没有回来。这时，阎肃发现机械师的眼睛始终望着天空。"当时我的第一感觉是他的心在天上。我一边仔细观察一边想，他的心为什么在天上？这时，我从他的眼神中找到了答案：他爱这片蓝天。一下子，我就有了强烈的创作冲动。当天晚上，一首歌词就形成了——这就是《我爱祖国的蓝天》。"让阎肃没想到的是这首歌很快就"火了"，而且一直传唱了几十年。他反复说着"别看只有一年，受益一辈子"。

在成功创作了歌剧《江姐》后，阎肃又接受了新的任务，写京剧《红岩》。同样的题材，面临的挑战是不重复之前的创作，开拓新的思路。阎肃和创作组一行来到了重庆渣滓洞"蹲大牢"。整整一周，每个人都戴上手铐脚镣，编上号，相互不让说话、不许走动。那是一次记忆深刻的体验，"又沉又硬的脚镣不断磨碰脚踝骨，那是钻心的疼，所以走动也很困难。"他们还目睹了用来折磨革命者的各种刑具，并坐上"老虎凳"，体验了最"轻量级"的那种撕裂脚筋的痛苦。阎肃后来说："不能说这样的体验对我的创作有立竿见影的影响，但是有潜移默化的影响。这段生活不是白体验的，搞创作，主要要有感受。"

阎肃经常说，一个剧本成不成功，一部作品能不能流传，一个很重要的原因就是生活。"艺术创作离不开生活，比如像歌曲《我的中国心》我就写不出来'洋装虽然穿在身，我心依然是中国心'。我没穿过洋装，自然没有那种感受，也就写不出那样的歌。"阎肃写《红灯照》的时候，采访了义和团所有活着的人，有好几十个人都是90多岁，然后又找了清史专家，走访了很多次，接着又到武清县。《红灯照》的成功与这有很大关系，没有白下工夫。同样，《红色娘子军》是他在海南岛待了很久写出来的。阎肃坦然地说，他写的戏成功的有一些，但没成功的也有一堆。了解和体验生活深的就能写好，浅的写出来就一般化。所以说："不会欺骗你。"

成功的背后是艰辛

艺术带给人们的是快乐和陶醉，但它的孕育过程却是艰难的，甚至是痛苦的。艺术创作的成功，很多时候并不决定于所谓的机智和才华，而是决定于他的毅力和意志品质。而我们经常过多地强调了才华、技巧和形式

1962年冬，阎肃与夫人李文辉合影。

的意义，似乎艺术创作的全部秘密就包含在这些因素里面。事实上这是对艺术创作极大的误解。一个真正的艺术家总是经过艰苦的努力，付出比常人更多的时间和精力，才能获得不断进步和令人赞叹的成就。

阎肃的成就几乎全都是勤奋努力的结果。她的老伴说，阎肃的驼背是他勤奋的见证。"平时大家喝茶、打麻将的时间，他都在学习方方面面的书籍，如饥似渴地了解外部世界，吸纳知识和营养。"阎肃青年时代的照片，身板是挺直的。30岁以前没星期天，常常是一杯茶、一支烟，一本书看一天。由于长时间伏案学习，慢慢地就变成了"罗锅"。如今80岁了还是加班到凌晨。老伴睡眠不好，半夜12点醒了，阎肃没睡；一点醒了，阎肃在看书；两点醒了，阎肃还没睡。几十年了，几乎每天都这样。阎肃的勤奋也给他的儿子阎宇留下了深刻的印象："我见到他的大多数时间，都是他坐在书桌前，不是看书学习，就是在抄写，要么就是在做笔记。现在已经形成印象了，一问我爸在家吗，在家，那我就能想象他趴在书桌前的样子。"在儿子的眼里，阎肃绝对不是个天才，阎宇笑言从自己小学三年级起，下象棋父亲就没赢过他。父亲能从一个文工团"打杂的"到现在的一级创作员，完全是靠刻苦学习学出来的。

如果说，行万里路意味着深入生活的勤奋。那么，读万卷书则意味着积累知识的勤奋。一个优秀的艺术家，不仅直接向生活学习，而且还通过读书间接地了解生活、丰富自己的经验。关于这一点，阎肃有很多经验之谈。他创作的《前门情思大碗茶》《北京的桥》《故乡是北京》等19首京味歌曲就是来自于自己的"杂学"。创作《故乡是北京》，灵感源自老华侨赵浩生的一篇文章，文章中作者回忆了在北京的童年生活。阎肃读出了童心、乡情，结合他对北京生活的熟悉："油条、豆浆、家常饼，紫藤、古槐、四合院……"一句句歌词如行云流水汩汩溢出。阎肃不是北京人，为什么会对北京生活这么熟悉呢？他说，一是读书，老舍、曹禺的小说、剧本，他一本不落全看过。二是看戏，人艺的戏，天桥的大戏、小戏、相生、曲艺，也全看过。阎肃舍不得吃、舍不得喝，就连5分钱的公车也舍不得坐，经常走着来回，把钱全给了戏园子。三是演戏，年轻时他是舞台上的活跃分子、演过很多角色。如他扮演过曹禺《北京人》中的江泰，一个精于吃喝玩乐的混混。剧中他有三大段台词就是用贯口把北京的各种名吃都归纳了出来。阎肃对这些台词倒背如流，后来，当他写《北京老字号》时，就有信手拈来的自如。阎肃的老伴说："那时，他的生活很简单，不是在家看书，就是在戏园子里看戏。他几乎什么书都看，唐诗、宋词、小说、剧本、音律方面的书，他都喜欢。一次看到儿子在看霍金的《时间简史》，他也抄过去看，看不懂的地方还不断问儿子。"阎肃说，他还喜欢看武侠小说，金庸、古龙、还珠楼主的小说他都看过。

并不是每一次的创作都能灵感乍现、左右逢源，电视剧《西游记》的主题曲《敢问路何方》就着实把阎肃"折磨"了一回。因为从小熟读《西游记》，阎肃对这次写作充满信心，接到这个活儿当天，"你挑着担，我牵着马，迎来日出送走晚霞……"这些情景交融的词句就从心底涌出了，最后就差一句升华的词，怎么都想不出来了。阎肃觉得最后一句必须有创新、有深度，最好要渗透出种时代精神。他说当时逼得我满屋子转，从卧室走到客厅，又从客厅走到卧室，就这么走了好多天。脚底下的棉拖鞋擦着地毯，发出单调苦涩的声响，居然将地毯踢出条白印来，他回头一看，猛然想起鲁迅先生的名言："地上本没有路，走的人多了，即便成了路"，瞬间蹦出"敢问路在何方，路在脚下"的点睛之笔。有了这句全盘皆活。

"鸳鸯绣了从教看，莫把金针度与人。"然而，阎肃却把自己的"金针"拿给了大家。阎肃说，我经常对我们团里一些年轻后辈说：要真正有志于在这一行干出成绩，别求谁来帮你忙，就自个好好奋斗闷头往里扎，扎久了，你就会有出息。

童心未泯见精神

无论是叔本华的"天才就是大孩子",还是明代李贽的"童心说",都是在强调艺术创作作为一种特殊性质的创造活动,需要孩子才有的"最初一念之本心"。因为,只有像孩子那样用纯洁的眼光看世界,只有用孩子般纯洁的心灵感知世界,一个艺术家才能创造出有价值的好东西。相反,如果没有那份率真、那份童心,没有追求客观世界真理的天真质朴的感情,那么,无论谁都很难在艺术道路上走得远,也很难达到很高的境界。

今年已80岁的阎肃,从没感觉自己有多老,还和朋友开玩笑地说:"我也是'80后'了。"在他看来每个人在历史长河中,不管活多大,在

2008年6月1日,阎肃和蓝天幼儿艺术团小演员十二"生肖"在一起。(郭幸福 摄)

天地间都是一个孩子。岁月你是挡不住的，生命规律不可抗衡，但你的心可以永远年轻。他说，"我总是像孩子一样的快乐。我很少用愤怒和忧愁的情绪来对待世间事。事情横着来，我就顺着想，什么难事都过去了，我还像孩子一样好奇。世界在我的眼前每天都是新的，一场春雨，几片落红，南飞的大雁，西沉的落日，我都觉得是那样的新奇美好。"阎肃能和他的一对十几岁的龙凤胎孙子、孙女像好朋友一样，笑在一起、玩在一起。他喜欢和孩子们一起打电子游戏，笑称自己是"老玉米"，不仅如此，"偷菜""雷人"等网络用词经常从他的嘴里冒出来，他的脑子里永远都有最新鲜、最时尚的东西。大家称他为"时尚的老头"。

阎肃不会拒绝接受新东西，他认为如果不了解、不接受新事物，很快就会被"时代列车"甩出去。空政青年作曲家舒楠称阎肃是"神奇的老顽童"，对他由衷的崇拜。这缘于他和阎肃合作电视剧《十万人家》主题曲的经历。当时，阎肃的主题歌词很快写好后，舒楠感到谱曲的压力很大，总找不到感觉，一度快崩溃了。最后忍不住给阎肃打电话"求救"，阎肃听出了他的困惑说："你为什么不把他写成周杰伦式的说唱音乐？"这让舒楠大吃一惊，老爷子太超前了，同时也给了他灵感，于是，他在整个音乐中加了16个小节的RAP，后来谭晶一唱，效果非常好。

在孩子的眼中，世界永远是新鲜的、可爱的；同样，在孩子的眼中，生活中永远有无尽的乐趣，永远有美好的事物，等着你去发现，等着你去感受。正因为具有一颗童心，所以"80后"的阎肃的心永远是年轻的，他的艺术创作总是充满朝气和活力。

对一个艺术家来讲，不能脱离生活，不能不勤奋努力，还要有一颗热爱生活的赤子之心——这些就是我从阎肃的成功经验里发现的"秘密"。

（2015年7月19日《文艺报》）

把灵魂融入艺术

◎ 王力元

　　"我爱祖国的蓝天，晴空万里阳光灿烂，白云为我铺大道，东风送我飞向前。""有一种花儿叫马兰，你要寻找她，请西出阳关。""借我借我一双慧眼吧，让我把这纷扰看得清清楚楚明明白白真真切切。"这一首首耳熟能详的旋律背后有着同一个创作者——空政文工团创作员、著名艺术家阎肃。

　　为什么每创作一部作品都能广为传唱，为什么每次国家重大文化活动他都是"撒手锏"，为什么空政文工团的年轻人都视他为"定海神针"？这一生，阎肃把一个个文艺精品送进了艺术殿堂，获得了很多荣誉，但这些荣誉的背后，是他把灵魂融入艺术、融入时代的真情付出。

激情似火，为时代奔腾燃烧

　　9月3日晚，纪念中国人民抗日战争暨世界反法西斯战争胜利70周年文艺晚会《胜利与和平》在北京人民大会堂隆重举行。党和国家领导人与6000名中外人士观看晚会，共同纪念这个光辉的日子。

　　早在今年3月，阎肃就受命参与《胜利与和平》的策划编创任务。已是85岁高龄的阎肃激情似火，与年轻人一起连续奋战数月，文艺演出获得巨大成功。

1930年，阎肃出生于河北保定，1953年4月入党，1953年6月入伍，曾创作1000多部（首）作品，参与策划100多台重大文艺活动，获国家和军队大奖100余项。

"红岩上红梅开，千里冰霜脚下踩，三九严寒何所惧，一片丹心向阳开……"作为党的文艺战士，阎肃把艺术的根深深扎进精神的沃土，结出的第一个硕果就是民族歌剧《江姐》。

1962年，阎肃从当时风行全国的小说《红岩》中得到灵感，决定以小说中的主人公江姐为主线，创作一部歌剧，反映共产党人的坚定信念和忠贞气节，为刚刚经过三年困难时期的国民鼓劲。

在探亲的假期中，阎肃思绪像奔涌的泉水，像爆发的火山，从笔端、从心中倾泻而出，整整写了18天，歌剧《江姐》的剧本初稿一气呵成。

剧本写作仅18天，而打磨、谱曲、排演却用了近3年。1964年9月，

创作室三老三中合影。（郭幸福 摄）

由阎肃作词，金砂、姜春阳、羊鸣作曲的歌剧《江姐》公演，旋即引起轰动，创造了中国歌剧史上5次复排、演出1000多场的奇迹，"雪压不弯、风吹不倒，信念不变、矢志不移"的"红梅精神"，影响和教育了一代又一代人。

1991年，阎肃创作歌剧《党的女儿》。其时，东欧剧变、苏联解体，国际风云变幻，而在世界东方，迎来70岁生日的中国共产党正在中国特色社会主义道路上坚定前行。

又是一个18天，他3天写一场戏，与作曲家和演员们合作，很快完成了整部戏的创作排练。总政歌剧团原团长、作曲家王祖皆说："耳顺之年，三天一场戏，没有坚定的信念，没有饱满的热情，是完成不了的。"而阎肃说："当时，我的脑子里没想别的，就想告诉人们什么叫共产党、共产党在哪儿、共产党员是什么样。"

歌剧《党的女儿》登上献礼中国共产党建党70周年的舞台，又一次盛况空前，引起轰动。

坚持为信仰而歌、为时代而歌、为强军而歌，"作为一名文艺工作者，应该经常反思自己的作品是不是走在时代前面，是不是符合先进文化的前进方向。"这是阎肃艺术生涯的真诚告白。

"扎猛子，从大众生活中锻造精品"

23岁参军，85岁的阎肃是全军兵龄最长的老兵之一。今年9月，阎肃病重住院后，当别人问他艺术长青的心得，他回答："听招呼、跟党走。"这句话他常挂在嘴边，也是他65年艺术之路的真实写照。

"今生铁心跟党走，风风雨雨不回头。"他火一样的创作激情，正是源于对党的无限忠诚和无比热爱，也正是因此，阎肃对每一部作品的要求都是精益求精，他说："创作一部作品，就要穷尽自己的智慧，即使成不

空军首长祝贺阎肃大作频频。（郭幸福　摄）

了精品，也不要留下遗憾。"

当年为了在歌剧《江姐》基础上改编京剧《红岩》，阎肃主动提出去曾经关押过江姐的渣滓洞体验生活，把手反铐上，戴上脚镣，脚镣很重，碰到踝骨那是钻心的疼，吃饭、睡觉都不解开。那七天七夜，他感受到了铁窗内失去自由的痛苦，他看到了国民党特务用来折磨革命者的各种刑具。为了体验上大刑，他还真的上了一回"老虎凳"，当捆绑的脚下加到第二块砖时，他两条腿的筋都快要绷断了……

那种刻入骨髓的"炼狱"生活，使他在进行创作时，一次又一次无法控制住自己的感情，他笔下流出的，字字是泪、句句是血，活生生的江姐就这样被他搬上了舞台。"几度墨汁干，木凳欲坐穿。望水想川江，梦里登红岩。"经过两年锤炼，他对剧本和曲谱从头到尾整整修改了几十次，反复排练修改，最后连食堂的大师傅，听着排练厅传来的声音，一边和面，一边哼唱，也一边感动得流下眼泪。

阎肃的创作从未离开过人民和生活，他说："一旦确定干什么，就要学会'扎猛子'，往根上去。"

（2015年11月26日《中国文化报》）

用一片丹心为时代放歌

◎ 王嘉禾

导　语

近日，著名艺术家阎肃因脑梗住院的消息牵动着许多人的心，回顾其85载峥嵘岁月，鬓发染霜却精神矍铄，65年军艺人生，耄耋之年仍壮心不已。就在9月19日，他在病榻上还惦记今年春晚的魂应该是什么。目前他已度过危险期，状况有所好转，但脑细胞受损严重，仍住在重症病房。大家在祝福老人早日康复的同时，也再次思考很多有关阎肃的问题——他为何能创作出那么多经典？他怎么保持乐观向上的人生态度？就让我们一起来回顾阎肃老先生笔下的作品，回眸空政文工团创作员、著名艺术家阎肃的艺术人生。

阎肃先生生于保定，是一位地地道道的河北文艺工作者。自称"80后"的阎肃，之所以成为文学艺术界的常青树，就是因为他始终坚守高唱时代主旋律这一艺术的制高点。我们这一代人都是听着阎肃的歌长大的，他的作品，不仅体现着时代的烙印，也灌注着一代人的浓情厚谊，不仅是人生、是社会，是阎肃对时代深沉的思考，也是中华民族勇于探索、自强不息投身改革开放的豪情壮志。

在（2014年）10月15日召开的文艺工作座谈会上，空政文工团一级编剧阎肃发言："我称得上是中国人民解放军文艺战线的一名老兵，到现在依然在心里经常哼唱着'追上去追上去不让敌人喘气'那些歌。我们也有风花雪月，但那风是'铁马秋风'、花是'战地黄花'、雪是'楼船夜雪'、月是'边关冷月'。就是这种肝胆、这种魂魄教会我跟着走、往前行，我愿意为兵服务一辈子！所以，我、我们心中常念叨的就是6个字：'正能量、接地气'，在部队来说就是有兵味战味！"听过阎肃的发言后，习近平幽默地说："我赞同阎肃同志的风花雪月。"全场响起会心的笑声。习近平接着说："这是强军的风花雪月，我们的军旅文艺工作者，应该主要围绕强军目标做自己该做的事情。我特别赞同。"

阎肃人物简介

阎肃，1930年出生于河北保定，著名剧作家、词作家、国家一级编剧。曾创作过歌剧《江姐》《党的女儿》，歌曲《红梅赞》《敢问路在何方》《雾里看花》《唱脸谱》《长城长》等经典作品。他先后参与策划了20多台央视"春晚"、历年"双拥晚会"、历届全军文艺汇演等大型演出活动；多次担任"青歌赛"评委、《星光大道》总决赛评委，担任中国红歌会终审评委、中国戏剧家协会顾问等10多个社会职务。参与策划了纪念

阎肃书法作品。

中国人民抗日战争暨世界反法西斯战争胜利70周年文艺晚会、大型音乐舞蹈史诗《复兴之路》，多次受到党和国家领导人的接见嘉勉。

阎肃先生那些敲击我们心灵的好作品

他就像一株迎风傲雪的红梅，雪岭冰霜之间绽放出夺人的光彩；他像一段斑驳的城墙，挺起岁月的胸膛向人们展现沧桑的力量。《红梅赞》《我爱祖国的蓝天》《长城长》《军营男子汉》《敢问路在何方》《我的家园》……在时光流转中，未见褪色，反而历久弥香。这些在创作跨度上达半个世纪之久的作品，都可以与阎肃的名字联系在一起，成为留驻在一代代人心底的集体记忆。

大美稀音：真挚情感演绎动人情怀

《伴君行》—— 一叶扁舟浪花中/去年海北/今岁江南/明朝河东/任黄花碧水/青山红叶/白发秋风/随你奔波这久/也算是五彩人生……

CCTV3上重播的《夫唱妇随》节目上，阎肃老人在节目中满怀深情地朗读了他写给妻子的那首《伴君行》，让人不禁回味起初读林觉民的《与妻书》时的那份感动，同样的伉俪情深，同样的催人泪下。

坚守信念：时代呼唤最强音

《红梅赞》——红岩上红梅开/千里冰霜脚下踩/三九严寒何所惧/一片丹心向阳开向阳开/红梅花儿开/朵朵放光彩/昂首怒放花万朵/香飘云天外/唤醒百花齐开放高歌欢庆新春来新春来……

多年前，阎肃曾用最激昂的笔触，写下一首脍炙人口的《红梅赞》。

多年过去，她已成长为一道美丽的红色风景，成长为一种象征，一种精神力量。红梅忠贞不渝、寒霜傲雪的形象直抵人心，迸发出无穷的力量。在《红梅赞》的旋律中，几代中国人被江姐的故事深深打动，被她不屈不挠的精神深深鼓舞，赋予了这首歌曲直抵人心的力量，它让一个民族看到了信仰，集聚了力量。

那时我国刚刚经历了3年自然灾害，国家发展举步维艰。时代需要《江姐》，人民需要《江姐》。而阎肃的作品《红梅赞》《绣红旗》《为共产主义把青春奉献》《五洲人民齐欢笑》，以及他后来创作的《党的女儿》，给了当时的人们这样一种精神力量，引起了人们内心巨大的共鸣，直到今天，仍然是耳熟能详的经典唱段。

美丽家园：寻觅民族精神的寄托

《故乡是北京》——走遍了南北西东/也到过了许多名城/静静地想一

2010年5月13日，阎肃在空军八一飞行表演队参观，与飞行员交谈。（郭幸福摄）

想/我还是最爱我的北京/不说那/天坛的明月/北海的风/卢沟桥的狮子/潭柘寺的松/唱不够那红墙碧瓦的太和殿/道不尽那十里长街卧彩虹/只看那紫藤古槐四合院/便觉得甜丝丝/脆生生/京腔京韵自多情/京腔京韵自多情……

祖国大地、中华大地有着她独特的魅力，吸引着一代代中国人为之动容，为之痴狂。而家园从来就不是抽象的，她可以是庭前一株小花，也可以是巷角一棵老树；可以是高高的角楼上蓝蓝的天，也可以是静谧的夜里皎洁的月。阎肃先生就写过很多描写家园故乡的作品，其中以北京居多，在他的作品里，北京不仅仅是首都，更是我们所有人家乡的缩影，是中华情结的缩影。

《前门情思大碗茶》——我爷爷小的时候/常在这里玩耍/高高的前门/仿佛挨着我的家/一蓬衰草/几声蛐蛐儿叫/伴随他度过了那灰色的年华/吃一串儿冰糖葫芦就算过节/他一日那三餐/窝头咸菜么就着一口大碗儿茶/世上的饮料有千百种/也许它最廉价/可谁知道谁知道/谁知道它醇厚的香味儿/饱含着泪花……

"同升和的鞋/盛锡福的帽 / 六必居的酱菜/同仁堂的药 / 全聚德的鸭子呱呱叫 / 东来顺的涮/烤肉宛的烤 / 荣宝斋的字画/王麻子的刀 / 瑞蚨祥的绸缎俏中俏……" 听着这首《京城老字号》，一幅老北京车水马龙的图景就跃然眼前。这样的文化小品，来自生活的积累，来自心灵的感受，可以说，这是一种别具中国风味的表达风格，是一种独特的中国味道，既接地气，又立意高，读来朗朗上口。这类的作品，阎肃先生还有很多，听着这些歌，就好像跨越了时间的长河，漫步在儿时的路上，使远在他乡的游子，踏着荆棘，也不觉苦痛，有泪可落，也不是悲凉。

天空放歌：道不尽的蓝天情怀

《我爱祖国的蓝天》——我爱祖国的蓝天/晴空万里阳光灿烂/白云为

我铺大道/东风送我飞向前/金色的朝霞在我身边飞舞/脚下是一片锦绣河山/啊……水兵爱大海/骑兵爱草原/要问飞行员爱什么/我爱祖国的蓝天……

阎老称自己是中国人民解放军文艺战线的一名老兵。作为空军人的阎肃，对天空更是有着特别的感情。他一生爱空军，爱蓝天，许许多多作品都是描写蓝天之作。

蓝天对于空军人而言，包含着太多的回忆，也承载着他们的责任和使命。阎肃先生从飞行员的视角，满怀深情地描述了空军战士对蓝天的依恋，写成了这首传唱了半个世纪的旋律。湛蓝的天空总能给歌者的心灵更宽广的想象，除了这首《我爱祖国的蓝天》，他还创作了《云中漫步》《当你飞行的时候》《天兵》《梦在长天》《我就是天空》《缀满红星的战鹰》《谁在长空吹玉笛》《老航校》等等。空军是他的艺术之源、蓝天是他的艺术之根，这一首首作品，无不透露着他对祖国蓝天的眷恋和对生活的无限热爱。

心灵之歌：雅俗共赏的大美之音

《敢问路在何方》——你挑着担我牵着马/迎来日出送走晚霞/踏平坎坷成大道/斗罢艰险又出发/又出发/一番番春秋冬夏/一场场酸甜苦辣/敢问路在何方/路在脚下……

阎老说：美妙的音乐是内心流淌出来的。作家苏叔阳评价说："阎肃弄出来的歌词，大白话的居多，但他的大白话里满是学问，俗中见雅，耐人寻味。既不是白开水，又不装腔作势，是一首一首的诗。"阎肃先生的歌词从不冠以华丽的辞藻，不刻意追求阳春白雪。他写的歌词贴近生活、充满真诚，丝毫没有哗众取宠的味道，用朴实的词语、简单的语句，写出了最深入人心的东西。他的歌词永远朝气蓬勃，充满正能量，符合人心向真、向上、向善、向美的本性，读之如涓涓细流润物无声，听之如战地高歌催人前行。

就像这首电视剧《西游记》的主题曲《敢问路在何方》，童叟皆知，人人喜欢。这是一首勇敢的歌、豪迈的歌、有力量的歌，教会人们分辨是非善恶，不畏艰难险阻，在大道正道上勇敢向前。熟悉的旋律响起时，所有人都会情不自禁地哼唱，唱起这首歌时，就觉热血澎湃，全身充满正义的力量。阎肃先生还有太多数不清的优秀作品……

听阎肃的歌，犹如一道沁人心脾的清风拂过。激昂中蕴含温存，幽默里发人深省，那是人民的心曲，是历史的回声，更是未来的畅想。

读万卷书行万里路

今年1月，阎肃参加央视一套《开讲啦》讲述一生所获，他教育年轻人："多读一些书，多走一些路，多见一些人，因为阅历即财富。"

在阎肃的儿子阎宇看来，父亲一生都定格在了书桌旁，家里的藏书有1万多册，什么冷门的诗词曲赋都难不倒他，电影、京剧、交响乐、舞蹈、川剧、清音、双簧等广泛涉猎。年年岁岁，阎肃的脚步走遍大漠戈壁、雪域高原、北国雪山、南国雨林。他有一条重要体会：生活不会欺骗人，艺术创作一点离不开生活。行万里路是深入生活，那读万卷书就是知识的积淀。一位优秀的艺术家，不仅要直接向生活学习，而且还要通过读书间接地了解生活、丰富自己的经验。他的歌无论想传达多么宏观的大道理，都能显示出生活的厚度和独特的亲和力。既能把握时代的韵律，又能拨动人们的心弦。

放歌时代忠于艺术

上世纪60年代初，仅仅31岁的阎肃新婚后第一次探亲休假，他趴在炕

阎肃与创作室人员讨论歌曲创作。（郭幸福 摄）

桌上奋笔疾书，闭关18天，歌剧《江姐》的剧本一气呵成！一经公演旋即引起轰动，毛主席也深为感动并接见了他。如今歌剧《江姐》还在巡演，一台戏唱了半个世纪，那种"雪压不弯、风吹不倒，信念不变、矢志不移"的"红梅精神"历久弥盛。

蒋大为接受记者采访时表示，"他是我的前辈，我一直把他当作老师。《西游记》播了3000多遍，阎肃老师功不可没。行话说'戏保人，人保戏'，这首歌成就了我。它唱的不仅是孙悟空，更是中华民族勇于开拓、锐意进取的精神，这就是艺术的力量，也是阎老的境界。明年正值86版《西游记》30周年，又是个猴年，原本想跟他一起做个'西游记30年专场'，当时阎老就说你弄吧，我折腾不动啦。不管怎样，我都会把这个有意义的事情做起来。"

国家文化部副部长董伟评价阎肃称："阎肃老师与我们祖国的进步，时代的发展，人民的喜怒哀乐，以及整个时代的脉络同频共振，履行着一位人民的歌者，时代发展的见证人的神圣职责。"

时尚老头童心永驻

"NBA球星的绰号、《江南style》《小苹果》，阎老对一切新事物都充满好奇，不仅跟随潮流，还去探究背后流行的原因。年轻人的口味，他都能感觉得到。"空政文工团创作室的舒楠介绍称，2008年，阎肃曾提议他将电视剧《十万人家》主题曲写成"周杰伦式说唱音乐"，结果效果非常神奇。第五代"江姐"扮演者王莉透露："为了更加符合现代年轻人的快节奏，阎肃老师主动将演了50多年的《江姐》，割肉般剪掉了2000多字的台词，有半个小时的戏，他也很舍不得。"她说："阎老师70多岁还能写出《我和春天有个约会》这么浪漫的歌，可见他的心态有多年轻。"

80多岁的阎肃笑称自己是"80后"，他喜欢跟90后交流，有士兵表演"B-BOX"，他懂，哈哈大笑。他认为，"不管你活多大，在天地之间都是一个孩子。一个艺术家需要童心和激情。如果总感觉老了，这也看不惯，那也看不惯，你就要落在时代后面。"

一片丹心向阳开

如果说人生是有色彩的，"红"是阎肃一生最鲜亮的底色。当年，毛主席在看完歌剧《江姐》后被深深感动，他在中南海接见了阎肃，赠送给他一套《毛泽东选集》。临行前，阎肃对毛主席说："我一定好好努力。"这是他一生对党和人民的庄严承诺。

回望阎肃65年的艺术生涯，一大批像《忆娘》《党的女儿》《长征颂》《红旗颂》这样的红色经典，在我国文艺舞台上大放光彩、经久不衰。总政歌剧团原团长、作曲家王祖皆说："没有相当高的政治热情和坚

2012年11月20日，《江姐》获得文化部第二届保留剧目大奖。（郭幸福 摄）

定的理想信念，他完成不了。"而阎肃则说："当时，我的脑子里没想别的，就想告诉人们什么叫共产党、共产党在哪儿、共产党员什么样！"阎肃常说，"今生铁心跟党走，风风雨雨不回头。对党的无限信仰是滋养我一生的精神沃土。"65年的辛勤耕耘，阎肃获得了太多的荣誉。在这长长的荣誉单上，"优秀共产党员"是他最为看重的。

这位德艺双馨的老艺术家，一生坚持弘扬主旋律，带给我们太多优秀的作品，拨动了无数听众的心弦，触动了无数人的灵魂，成为了几代人对时代的记忆。正是他在艰难漫长但又激动人心的创作之路上不断求索，将个人的追求、才华与时代跳动的最强脉搏相融合，才使这位老共产党员、老军人、歌者艺坛长青。

阎肃，也是广大党员干部学习的榜样。要像阎肃一样对党忠贞不渝；

要像阎肃一样深深地扎根人民；要像阎肃一样严以修身、严于律己、严以养德。如果我们每个人都能像阎肃一样，用对党的忠诚、对人民的深情和高尚的情操去工作，去为时代放歌，那么，中华民族伟大复兴中国梦的乐章就一定能更加动人、更加壮美！

（2015年11月26日长城网）

铿锵战士　乐天长者

◎ 孟祥宁　高　峰

　　"作为一位创作者，永远要有一颗童心。"80岁的著名词作家阎肃，今年迎来了自己从艺60周年纪念。"我今年80岁了，没感觉自己有多老，还和朋友开玩笑说，我也是'80后'。"阎肃说完用手快速地扫过满头银发，仰面哈哈大笑。岁月给这位老人带来了睿智和豁达，却似乎并没有带走纯真与活力，他言谈的铿锵果敢与行动的干脆利索多少年始终如一。这永不褪色的青春烂漫，则来自他信仰的纯粹和心志的淡泊。"百年心事归平淡！80岁生日时，我写下几句自勉的话：'60年来，组织培养；关怀教导，哺育成长，心存感悟，胸铸理想；若有成绩，归功于党；80以后，一如既往；竭力报效，忠于信仰。'"阎肃说这番话的时候，一脸严肃。

"我一定好好努力！"

　　1964年9月，由阎肃编剧的歌剧《江姐》排练完成，一经公演，引起轰动，一年连演257场。感人的革命事迹，浪漫的革命情怀，让观众为之热泪盈眶。当年11月的一天晚上，阎肃刚从戏院出来，一辆吉普车突然在他身边停下。车上人喊道："阎肃，找你半天了，快上车，有紧急任务。"阎肃一愣，心想这么晚了还有什么任务，随口说："什么任务啊？

我可没穿军装。"阎肃那天只裹了件破旧的黑棉袄，裤腿沾满了石灰，一条大围脖耷拉在胡子拉碴的下巴前。

车子进入中南海，阎肃才知道是毛主席看过《江姐》后，要接见他。见到毛主席，阎肃激动不已，他先鞠了个躬，又赶紧握住毛主席

《红梅赞》简谱。

的手。阎肃听不懂毛主席的湖南话，只听得出大意是：《江姐》写得很好，你干得不错，我送给你一套《毛泽东选集》，你要继续努力，好好干。阎肃听后，坚定地说："我一定好好努力！"

"我一定好好努力！"并不是阎肃信口一说。对于党的革命事业他早就心向往之，并立志为之奋斗一生。1937年，日本侵华战争全面爆发，年仅7岁的阎肃随全家从河北保定逃难到重庆，父母将他送到教会学校读书。1946年，阎肃不顾教会挽留，考取重庆南开中学。

在校期间，他接受进步文化思想的影响，阅读了《共产党宣言》等书籍。1949年，阎肃考入重庆大学，秘密参加党的外围组织，积极参加重庆地下党组织的学生运动。重庆解放时，阎肃坚决地留了下来。不久，被选调到西南青年文工团工作，1953年光荣加入中国共产党。阎肃说："从我握紧拳头向党旗宣誓的那一刻起，就下定决心：一生都要做忠诚于党的文艺战士！"

歌剧《江姐》正是阎肃的生活经历与革命信仰培育出的一朵文艺奇葩。上世纪60年代初，阎肃刚刚完成第一部歌剧《刘四姐》，发表后得到

一笔稿费，这时团里又刚刚批给他20天探亲假。临走前，阎肃请同事大吃一顿。有人开玩笑："阎老肃，还得接着写呀，写完再请客。"阎肃哈哈一笑说："那还用说，我早想好了。"阎肃想到的就是把刚出版一年的小说《红岩》搬上歌剧的舞台。

重庆留下了阎肃成长的足迹，想起重庆地下党组织的英雄们，一种创作冲动召唤着他。于是，31岁的阎肃作为空政歌剧团的一名年轻编剧，向团里推荐以小说《红岩》为底本，创作一部歌剧。这一想法受到空军司令员、开国上将刘亚楼的重视。阎肃得到肯定后，立马投入创作。回到锦州休假探亲，每天妻子一上班，阎肃便趴在炕上创作，结果只用了18天，就完成了歌剧的骨架，没等休完假就赶回北京。提起这段假期，阎肃夫人李文辉说："他整天在写，我也没有办法。他写他的吧，还没到日子就走了。"

回到北京的阎肃，同时也带回了歌剧《江姐》的剧本。《江姐》的剧本虽然出来了，但刘亚楼一再强调文章不厌千回改，艺术要精益求精，他还亲自参与修改剧本。有一天，刘亚楼对阎肃说："我在苏联留学时，看过《卡门》《蝴蝶夫人》。人家都有一首主要的咏叹调，你也写一首。"阎肃想到青少年时代生活的重庆，想到熟悉的长江，心潮澎湃，于是写了一首歌叫《长江水手歌》。刘亚楼说这个不行，不适合表现江姐，倒适合表现江姐的丈夫，阎肃只好重写。后来几经琢磨，主题歌总是不令人满意。就在几乎山穷水尽的时候，阎肃拿出一页纸，上面写着几句歌词，是之前上海音乐学院一位教授托他写的，意在赞颂梅花。他念给刘亚楼听："红岩上红梅开，千里冰霜脚下踩，三九严寒何所惧……"刘亚楼喜上眉梢，拿过一看："就是它了，这才是表现江姐的歌。"一曲抒情优美的《红梅赞》由此问世。歌剧《江姐》就是在这样的打磨下，经过两年的修改、排练，不断完善。"最后，连食堂的大师傅听着排练厅传来的歌声，都边和面边流泪，大伙儿才觉得行了。"阎肃说，"演出后，果然获得成功。"

阎肃一生不改革命情怀，他将"我一定好好努力！"的承诺付诸红色题材的创作实践。歌剧《江姐》获得成功，也激发了他创作的勇气和力量。"你看那天边有颗闪亮的星星，关山飞跃一路洒下光明，咱们就跟着它的脚步走，哪管它道路平不平……咱们就跟着它的脚步走，走过黑夜是黎明。"这段阎肃为歌剧《党的女儿》写的主题唱段，分明是他自己炽热革命情怀的写照。歌剧《党的女儿》创作于1991年，是向党的70岁生日的献礼之作。当时，恰逢东欧剧变、苏联解体，作为编剧，阎肃顶住压力，仅用18天就完成创作任务。《党的女儿》的作曲者王祖皆说："在当时的历史条件下，已61岁的阎肃3天就写成一场戏，没有坚定的理想信念是完不成任务的。这是歌剧创作上的奇迹。"而阎肃则说："当时我的脑子里没想别的，就想告诉人们，什么叫共产党、共产党在哪、共产党员什么样！"

2009年，79岁高龄的阎肃仍在"好好努力"。在向新中国成立60周年献礼的大型音乐舞蹈史诗《复兴之路》创作中，阎肃领衔文学部主任。对这段创作，阎肃这样形容："一路发烧般走过来，始终热度不减，精度不减，大任在肩，必须不辱使命。"他不仅为此呕心沥血，而且为《复兴之路》的序幕写下神来之笔："山弯弯，水弯弯，田垄望无边。笑甜甜，泪甜甜，一年又一年。燕子飞，酷峰唱，坡前柳如烟。风暖暖，梦暖暖，这是我京剧……"优雅深情，尽显中华儿女的一片赤子之心。

"我这一辈获得的奖状和证书实在太多了，但对'优秀共产党员'这个荣誉情有独钟。"阎肃说，因为在他谦逊的胸怀中始终这样认为，"解放前我就认为共产党了不起，我崇拜党，入党后我老觉得离党员的要求差得挺远。所以我一直在好好努力。"

"我爱那一身身的绿军装！"

阎肃爱穿军装。"穿上这身军装，就油然而生一种使命感和责任感，说话、做事都要有军人的形象和风度。"阎肃说，"现在，我可能是兵龄最长的现役老兵了，军装一穿60年，'廉颇老矣，壮心犹在'。只要我还有一口气，就要拼命为部队写军歌！"

1953年6月，阎肃入伍，1955年调入空政文工团。刚到文工团，阎肃还是一名演员。业余的时候，他喜欢写点山东快书、数来宝、相声、唱段，写一次受一次表扬，领一次奖励。突然有一天，领导对阎肃说，你不要当演员了，你去创作。"我老大不高兴，觉得挺遭罪的。如果是业余的，写什么都受表扬；搞专业，写出来是应该的，写不出来就打屁股。我很烦恼，不大愿意去搞创作。"阎肃回忆起来哈哈一笑。服从命令是军人

阎肃与战士们在一起。（郭幸福 摄）

的天职，尽管不乐意，阎肃还是来到创作组。

之后没多久，阎肃就接到了到空军某部体验生活的任务。在与飞行员长达一年的朝夕相处中，他学会了擦飞机、充氧、充冷、充气、加油、分解轮胎、钻飞机进气道。"一开始也格格不入，干什么都无精打采。后来我觉得这样下去不是事儿，人都搞垮了，白下来体验生活了。我就开始主动融入到战士中去，和他们打成一片。他们能干，我为什么不能干？我跟他们是哥们儿。"阎肃说。结果这一转变，给阎肃的创作带来了一个惊喜。

那是一个飞行日，傍晚时分，战机陆续归航。但阎肃参与保障的那架飞机却没有回来。晚霞之下，战友们眼巴巴地瞅着天空，这一场景在阎肃眼前呈现出一幅绝美的"盼归图"。阎肃自问自答：大家为什么不约而同地把目光投向天空？因为心中有一份牵挂；大家为什么要牵挂？因为爱呀！想到这里，阎肃内心激动不已。当天晚上，阎肃将这种感受付诸笔端："我爱祖国的蓝天，晴空万里，阳光灿烂……"一首传唱半个世纪的经典歌曲《我爱祖国的蓝天》就这样诞生了。

体验生活成为阎肃的创作源泉。"都说长城两边是故乡，你知道长城有多长？它一头挑起大漠边关的冷月，它一头连着华夏儿女的心房。"《长城长》是阎肃创作的又一首脍炙人口的军歌。阎肃说："这首歌的歌词创作正是累积了自己多年来在基层部队体验的感悟，其中印象最深的一次经历，发生在青藏高原上。"

1964年，为了创作歌剧《雪域风云》，阎肃坐上了"解放"牌大卡车，黑河、五道梁、唐古拉，一路跋涉在青藏高原上。回忆那18天，阎肃形容"简直是死去活来"。那是12月中旬，高原上奇冷无比。没有高压锅，烧的水听着咕噜噜地响就是不烫手，馒头蒸出来里面是面粉，外面是糨糊。晚上住在兵站里，没有驱寒设备，只好下面垫着4床军被，上面盖着5床军被，可感觉还像是光着身子躺在雪地里。天亮时，一个胖胖的四川籍战士给阎肃打来了一盆洗脸水。阎肃问他："你来了多久？"他告诉阎肃："来了两年多了。"因为高原反应，他的脸上起了斑，眼睛也患上了雪盲。当时，阎肃立马给他敬了个军礼，说："你真是英雄！真是英雄！"诸如此类的经历与感动，阎肃不知体验过多少次，这些体验都化作奔涌的情感，流淌在他的创作之中。

阎肃不仅在歌词中书写部队带给他的感动，而且也试图以艺术的力量带给部队官兵以力量和自豪感。《军营男子汉》的创作正是如此。1986年夏天，阎肃到部队体验生活。一到飞行师，他就同官兵打得火热，与师长、政委、团长、团政委、连长、指导员直到排长、班长、战士聊了个遍。当时社会观念发生了很大变化，许多仰视厂长、经理、"万元户"的眼睛，对"当兵的"却是丢斜眼。官兵们不服气：不要说明天就可能去冒死打仗、抢险救灾，只要我们往外一站，谁不是堂堂七尺男子汉！我们放弃了很多机会，保家卫国，凭什么就低人一等？深夜，阎肃难以平静：这些棒小伙子为了祖国和人民扛起了枪，做出多大牺牲，当兵要当得心胸坦荡、扬眉吐气！内心的感情激荡奔突，他一把握起笔，写下了《军营男子汉》歌词："我来到这个世界上，没有想去打仗，只是因为时代的需要，我们才扛起了枪……"凌晨1点钟，阎肃敲开了作曲家姜春阳的房门，说让他看看刚写好的一首歌。姜春阳一看，立刻没了睡意，和阎肃研究起歌词来。第二天，改好的歌词被谱上曲，首先在部队的拉歌比赛中唱响，之后很快传遍全军。

"我爱那一身身的绿军装！"阎肃说。数十年来，阎肃上高原、下海岛、走边防，几乎转遍了空军部队，创作了百余首师歌、团歌、连歌。进入新世纪以来，阎肃依然热情不减。2003年，空政文工团创排舞剧《红梅赞》时，73岁的他连夜赶写、录制画外音，常常是早上8点进录音棚，一直忙到次日凌晨；2008年，汶川大地震发生后，78岁的阎肃主动请缨抗震救灾。组织上考虑到他腿脚不便，没有批准，他只好看电视。当得知空降兵15勇士冒着生命危险高空跳伞营救灾区人民的事迹后，连夜创作歌曲《云霄天兵》；2009年，空政文工团到鼎新慰问演出，阎肃强烈要求参加。在卫星发射基地问天阁，他一路提问，问得特别仔细。有一次，他提出建议："空军建设中一些重要的环节我们搞艺术的也应该了解，光知道班排那点事，写不出高屋建瓴的东西来。"于是，进作战室、登预警机、上演兵场，一首《梦在长天》唱出了阎肃心中新的震撼："若无梦，何来展翅飞翔？何来倚天抽剑？何来跨越彩虹？！"

"这有何难！"

"这有何难！"是阎肃创作时的口头禅，他自信任何题材都可以被赋予一段恰当的歌词。"'这有何难'四个字是一个创作者自信心的表现，但真正做到凡事'这有何难'，却是不易。"阎肃说，"一个创作者需要'读万卷书，行万里路'，方可游刃有余。"

1983年，阎肃接到电视剧《西游记》导演杨洁的邀请，为电视剧创作一首主题歌。阎肃想，《西游记》的书、美猴王的戏自己从小就看过不少，太熟悉了。于是，他爽快地答应了："不就是写猴儿吗？这有何难！"一开始，阎肃思如泉涌，几句歌词脱口而出："你挑着担，我牵着马，迎来日出，送走晚霞。踏平坎坷成大道，斗罢艰险又出发……"切情切景、浑然天成，阎肃很得意。但接下来该怎么写，阎肃一下子没了主张："怎么写怎么不对，师徒四人取到真经就完了吗？各自封佛就完了吗？好像总也没完。没有找到那块'痒痒肉'，总觉得接什么词都是隔靴搔痒。"阎肃被逼得满屋子乱转，脚踩在薄薄的地毯上。旁边复习功课的孩子烦了："你乱转什么？你看你都把地毯踩出一条印来了！"阎肃一下子站住，灵感乍现。"真是一句话点醒梦中人，我突然想到鲁迅先生的话：地上本没有路，走的人多了，也便成了路。我脑子里瞬间蹦出'路在脚下'的句子来，接着再往前想词儿，于是又有了'敢问路在何方？'这一问句。这一句出来之后，全盘皆活。"阎肃说。

当时，改革开放正处于艰难起步阶段。《敢问路在何方》伴随电视剧《西游记》的热播走进千家万户，勇于探索、自强不息的精神激发了人们冲破枷锁、投身改革开放的豪情壮志。"当你站在巨人的肩膀上，就会豁然开朗。"阎肃说，"假如我没有读过鲁迅的书，又怎么想到'路在脚下'？又怎么写出《敢问路在何方》？"

《雾里看花》也是阎肃说下一句"这有何难！"的豪言壮语后，又历尽周折创作出来的。1993年，中央电视台正筹备一台纪念《商标法》颁布10周年的晚会，阎肃建议写一首"打假歌"，谁来写？绕了一圈没人敢接，又绕回阎肃这里。"这有何难！"阎肃接下了这一命题作文。但写起来却没有他想的那么容易。"那时，假冒商品最多的是化肥、农药等。但我总不能写'化肥是假的，农药是假的，皮鞋是真的'吧？怎么把这样的题材化入歌词？"阎肃又找不到"诗眼"了。

阎肃为此吃不下，睡不着，这样过了两周。为了休息一下脑子，阎肃打开电视，恰好电视中正在上演川剧《白蛇传》，其中有一个角色韦陀菩萨，打开一双"慧眼"，可以看清任何事物的真相。阎肃脑海中一闪念："就从'慧眼'入题！'如果都有一双慧眼'？不对。'我有一双慧眼'？不对。'你有一双慧眼'？不对。'送你一双慧眼'？不对。……'借我一双慧眼'，对！就是它！"有了这一句，整首歌词呼之欲出："雾里看花，水中望月，你能分辨这变幻莫测的世界？……借我，借我一双慧眼吧！让我把这纷扰看得清清楚楚明明白白真真切切。"

《雾里看花》风靡一时，传唱至今，但人们已经很少再想起这是一首"打假歌"了，不同的人在歌词中找到不同的理解，有的说写的是禅机，有的说写的是爱情……著名词作家陈晓光说："《雾里看花》这首歌，好就好在它的不确定性，任何人，不管什么经历、年龄、阶层，受过什么教育，都能在这个作品里获得不同的启迪。"阎肃说："我也没想到人们会从这首歌词中看出那么多门道，我只是觉得假如我没有去过四川，不了解川剧，是不会想到这样去写的。这就是'行万里路'得到的回报。"

"读万卷书，行万里路。"至今仍是阎肃信奉的座右铭。在阎肃家的客厅里，顶天立地的书架占满了整整一面墙，那是他常常汲取营养的宝库。而对于"行万里路"来说，80岁高龄的他今年还跟随中国文联、中国音协组织的"走进红色圣地"采风团去延安等地采风，回来之后又收获颇多感慨，增添几分创作的兴致。"戏剧中的人物，我喜欢沙僧，说话少、干活多，任劳任怨。"

这就是阎肃：读书，走路，埋头创作。也只有这样的创作者才会大胆地说出这四个字：这有何难！

（2010年8月18日《中国艺术报》）

下　篇
半生戎马半生歌

阎肃先生印象记

◎ 金兆钧

幼年我就喜欢《江姐》这部歌剧，由此早就知道了该剧作者阎肃先生的名字。但直到1989年年初的一天，才在作曲家谷建芬家里见到了阎肃先生。初次见面，第一感觉是他毫无某些文人的清高和傲慢，很像是我见惯的老北京人，轻松、诙谐而透着实在，在爽朗的谈吐中则又强烈地令人品味到饱经风霜的睿智。随后见面机会增多，也就渐渐地知道了更多的有关他的故事、创作和人格。

文化圈子里阎肃先生的朋友们见了他常有一句玩笑话："阎肃阎肃，很不严肃。"这话大抵反映了他性格中风趣开朗，坦荡

阎肃生活照。

自然的一面。大凡众人聚会，他在场时，必是谈笑风生，平添几分热闹。待人接物，他总是谦虚热情，即使是对年轻后辈如我也不单没有倚老卖老的神态，而且还叫人毫无年龄上的隔阂之感。每当说到兴奋之时，老先生便禁不住离座而起，颇见"咏叹不足则手而舞之，足而蹈之"的童心。

阎肃先生生于1930年，现在已是年过花甲。我听他自《故乡是北京》以来的一系列京味作品，再接触他的言谈举止，一向以为他是老北京人；后来问起阎肃先生，才知道他的籍贯是河北保定。抗战初期，他随父母辗转迁移，先到武汉，后到重庆。在一教会学校，他受到了很好的英文、拉丁文训练，同时在一位中国神父影响下，打下了相当坚实的古典文学基础。中学毕业后，他考进重庆大学，他的专业——工商管理却与他以后的事业风马牛不相及。当时，解放区的新文艺传入了重庆，从此，阎肃书也不念了，毅然走进了革命文艺队伍。

1962年，阎肃先生创作了《江姐》，获得了巨大的成功，这部歌剧成为新中国成立以来歌剧发展史上的一部重要的文献。经过"文革"的风风雨雨，阎肃先生又相继创作了歌剧《忆娘》和《特区回旋曲》等作品，随后，为适应社会形势的新变化，阎肃先生又介入了电视与流行音乐这两个新兴的大众传播领域，显示出他旺盛的创作活力和强烈的时代意识。1984年起，他相继参与了大批电视晚会节目的设计、策划和撰稿。同时，他还创作了一批深为大众所喜爱的歌曲，如《敢问路在何方》《军营男子汉》以及《故乡是北京》《前门情思大碗茶》《北京的桥》等一批京味歌曲和《走在大街上》《我就是天空》等现代风格的流行歌曲。1991年他回到歌剧领域，创作了歌剧《党的女儿》，又获得了成功。

读阎肃先生的作品，看他设计的节目，与他交谈，回味他的经历，我强烈地领悟到他艺术上的个性和意境。

如果细细琢磨他的歌词，其中最引人注意的是那种带有古典色彩的语言上的形式美；如果细细体会他作品的情怀和哲理，则会感受到其意境的洒脱和透辟。他显然领会了中国传统美学的深邃内涵，并把它溶入了自己的创作之中。自然，他表现的是这个时代，传统就和时代的现实融合为一体。

从阎肃先生的作品中可以看到李白诗风的影响，颇有超尘脱俗的飘然气象；但另一方面，他又可以非常之俗，以至臭豆腐、酸豆汁都可写入作品之中。正是如此，其文获致雅俗共赏。他对生活与时代有着自己独到清醒的观察和理解，却并不故作惊人之笔，从而也就使他的作品达到了生活的与美学的高度。

"蜂儿酿就百花蜜，只愿香甜满人间。"阎肃先生为大众奉献出了美，自己也获得了心灵的净化。对一个艺术家来说，兼此二者并非易事。我期待着他给我们更多更美的享受，也祝愿他进入艺术创造上的更高境界。

为国家秉衷心 为人民诉真情

◎ 张凯华

　　我与阎老是合作了近30年的"忘年交"，我习惯称他"阎老"。阎老豁达爽朗，刚毅赤城，是铁骨铮铮的军人；他博学睿智，下笔有神，是激情浩荡的文人。时年84岁的阎老在全国文艺工作座谈会上有关"风、花、雪、月"之说是何等气魄，何等情怀，又是何等诗意！

　　阎老与京剧艺术情浓意浓，阎老与国家京剧院情深缘深！他于上世纪70年代初借调到国家京剧院，在剧院工作近6年，是剧院的老朋友。他为中国京剧，为国家京剧院创作了好几部久演不衰的优秀作品。他曾将芭蕾舞剧《红色娘子军》改编成京剧，由我院杜近芳、冯志孝等主演；他与我院吕瑞明合作编剧新编历史剧《红灯照》，由杨秋玲、刘长瑜等主演；他将歌剧《江姐》改编成京剧，由当时我院的程派优秀演员张火丁主演。

　　阎老刚来剧院首先是参加《红色娘子军》剧组。他与剧组同志们同吃、同住在魏公村军艺大院（当时京剧院办公排练场所）。当时大院工字楼的一边住着李少春、李金泉、张春华、张君秋等京剧艺术家；另一边住着阎老等人。他与大家上午、下午、晚上三班都在一起，研究剧本，打磨剧目。严宇（阎老儿子）跟我说，他曾去军艺大院给阎老送过生活用品，还在那儿吃了顿饭。因为除了周末，阎老平时都因为创作工作不能回家。

　　《红色娘子军》琼花的扮演者杜近芳（83岁）回忆阎老说，他"不睡觉，晚上经常创作，白天困了就去运动"，说阎老"游泳、跳水好着呢！

他总是保持着充沛的精力和旺盛的创作力。创作时不爱说话，就是闷头干活"。我院《红灯记》中"王连举"的扮演者孙洪勋（79岁）描述，阎老创作《红色娘子军》时的投入样儿

京剧《红色娘子军》演出现场。

很有特点："他两腿跪坐在沙发上，脑袋磕着沙发背，一个人默默思考，反复斟酌唱词。"杜近芳说，大家成天在一起，阎老在整个创作过程中都会随时向导演、唱腔设计组、武打身段设计组的同志及演员征询意见，随改随出，如同"飞笔"，阎老非常尊重大家的意见，综合整理之后会再度召集大家，逐条研讨、检验。

《红色娘子军》中"洪常青"的扮演者冯志孝（78岁）回忆与阎老一起创作的日子很激动，说阎老出活就是京剧行话所说的"嘎嘣利落脆"。手底下"溜极了"，唱词又快又好，演员唱着又透亮又解气。

1972年，京剧《红色娘子军》拍摄成彩色电影。这部戏既是京剧现代戏的经典之一，也是我院优秀保留剧目，它是阎老给国家京剧院、给京剧艺术奉献的一颗明珠。

1976年，阎老回到空政，但他与国家京剧院感情深厚，他的心从未远离，他依然关注京剧艺术。1977年，我院邀请阎老与吕瑞明（91岁，中国京剧院原院长，一级编剧）联袂执笔编剧《红灯照》。这部作品首演即引起轰动。1979年该剧参加国庆30周年献礼演出，获得演出创作一等奖。

2001年，为纪念中国共产党建党80周年，国家京剧院第三次请阎老

挂帅，由他亲自执笔将歌剧《江姐》改编为同名京剧。依然是动人心弦的"红梅赞"，依然是感人至深的"春蚕谣"，韵辙、平仄、句式却又都是地地道道的京剧样式，阎老的大手笔让作曲万瑞兴（唱腔设计、作曲，70多岁。他早在几十年前剧院排演《红色娘子军》时即与阎老相识，当时他是京胡伴奏，2000年剧院排演《江姐》，万瑞兴担任唱腔设计，与阎老合作。）舒服了，让演员舒服了，也让观众舒服了。这部剧作是以程派来表现革命历史题材现代戏的成功之作，剧中"红梅赞""春蚕到死""绣红旗"等唱段成为经典保留节目，传唱至今。

2014年，我刚到国家京剧院工作，便邀请阎老将他编剧的歌剧《党的女儿》移植改编为京剧，阎老欣然答应。其后不久，我与阎老几次沟通，他从艺术角度出发，对主创、主演人选给出了中肯意见。他对我院的演员情况了如指掌。今年的7月23日，我带着剧院年轻的编剧池浚、吕慧军、张正贵在梅兰芳大剧院拜访了阎老。阎老表示自己虽然年龄大了，亲自动手可能体力不支，但愿意担当艺术顾问，支持剧院，支持年轻人创作；阎老还就《党的女儿》的创作背景、创作过程、创作方法、改编成京剧的建议及剧本结构等各方面给予了很多很好的意见。我们当即约定"9·3"纪念抗战活动结束后阎老审看新剧本。阎老的侃侃而谈与娓娓道来如在眼前，会面的情景历历在目。现该剧被立为我院2016年重点新创剧目。

过去，我因长期从事晚会组织、执导等工作，与阎老合作很多，接触日深，从公安部春节晚会，世界杯乒乓球锦标赛的开、闭幕式文艺晚会，刘少奇同志诞辰百年晚会，纪念红军长征胜利70周年晚会，文化部春节晚会，中央领导慰问文化、教育、科技界代表的元宵联欢会演出，"我们的旗帜"纪念建党90周年晚会等国家级重大艺术活动，我们常常在一起。

特别是2009年，在向新中国成立60周年献礼的大型音乐舞蹈史诗《复兴之路》创作中，我当时是领导小组办公室常务副主任，我们在一起工作了一年多时间。筹备期间有一件小事我铭记在心。有一天武警森林部队招

2009年2月，阎肃担任大型音乐舞蹈史诗《复兴之路》文学部主任。（郭幸福 摄）

待所的服务员提出要与阎老合影，他说："不行，不行，改天吧。"阎老说的不行其实并不是拒绝，只是顾忌当天穿得随便。第二天，他穿着笔挺的军装招呼服务员合影。《复兴之路》阎老领衔文学部主任，这次创作一如阎老自己形容的那样："一路发烧般走过来，始终热度不减，精度不减，大任在肩，不辱使命。"我再次亲身感受到了阎老对党、对国家的肝胆赤诚，以及他对艺术、对创作的热望与坦诚，近80岁高龄的老人深深地感动了我。

　　我与阎老相识的这些年，持续合作了很多次，通宵鏖战常有，夜语私话常有，谆谆教导常有。我是何其有幸，如此这般地接近了那颗令人悸动的赤子之心，感受到了热血铁骨下的那份诗意与豪情。

　　读书万卷，行路万里。80余年风雨人生路，60余载"风、花、雪、月"情，自称中国人民解放军文艺战线一名老兵的阎老，用至情至性，用

阎肃家一楼奖牌墙。（郭幸福 摄）

至真至纯，用赤子情怀，拥抱了艺术舞台，铸就了一部又一部无愧于伟大时代的优秀作品。

　　向时代楷模阎肃敬礼！向阎肃的伟大作品敬礼！

（作者系国家京剧院院长）

阎肃其人其事

◎ 郭晓晔

　　阎肃其实本名不叫阎肃，姓阎名志扬，年轻时一天到晚嘻嘻哈哈没个正形，文工团团员们提意见说你太不严肃，他说："那我改名好了。"遂更名"阎肃"。名儿改了，人，还是严肃不起来，乐天百分百，快意无极限，自称"阎老肃"，人叫"老爷子"。

　　牛人怎么个牛法？人们通常的印象是，他不认识你，也不屑让你认识他。你跟他说话时，他目光高视游移，哼哼啊啊，每一声都是休止符。

　　阎肃不是牛人，有时你眼睛指着坐在一角的他跟人说，那是不是阎肃呀？哪怕隔老远，他也许都会站起来，用食指点着自己的鼻子尖说，对，就是我。也不乏这样的事，哪位小歌手打电话要歌，经不住三磨两磨，他就当任务接了下来。放下电话才跟自己较劲，你揽这么多事，忙得过来吗？

　　阎肃不牛，重要的是他这么做，不是因为"知"，而是因为"是"，他就这个脾性。这个"是"，种子出自他的天性，后来成长为一种境界。你与他接触不出半个钟头，阎肃是个什么样的人就一览无遗了。他纵谈阔论，情思飞扬，拍巴掌，跺脚，捶打沙发，进而手之舞之，足之蹈之，哈哈哈乐，又猛地刹住，表示话题的严肃性。你可以因此视他为老顽童，但绝对会敬重有加，心想他可真正是个才华横溢、常青不老的艺术大家呀。

　　阎肃怎么对待生活，生活也怎么对待他。生活跟他掏心窝子，热情慷慨地把所拥有的捧给他，给他眼界、激情、灵感，才律和机会。他很得意身边的人对他的态度，用他自己的话说，他们都喜欢我。

阎肃至今没出过个人的作品集，无论是戏剧还是歌曲，无论是书还是光盘。他灿若星座的艺术履历，都传贮在人心中，传贮在生活中。

生活功底就应是这样打下的，
你被烧了又化，化了又烧，在熔炉里头滚

1953年，阎肃胸前戴上了比脸还大的大红花。他在西南军区文工团唱歌、跳舞、演戏、说相声、打快板、干催场、管汽灯、拉大幕，样样出色，成了全团"一专三会八能"的标兵。两年后调入空政文工团，照样是三头六臂，连踢带打，干啥都带着动静。

突然有一天团长黄河说，你去创作组搞创作吧。阎肃还有一能，能写。那是1958年，阎肃根据中央提出不唯书、不唯洋、不唯古、不唯权威

2010年7月25日，阎肃作品音乐会在国家大剧院成功举办。（郭幸福 摄）

的精神，写了个活报剧《破除迷信》。剧中人物古胜今、崇权威、全凭书、洋越汉4个人，为考证一个物件争个不休。一位"红领巾"实在看不下去了，说那不就是一台水稻插秧机吗？这出妙趣横生的戏在天安门、中山公园演出时大受追捧。这之前阎肃已写过不少小戏，个个出彩。领导说，这是块搞创作的料。

正是春风得意呀，每回下部队演出都很火爆，尤其是讲相声，不返场六七次甭想下台。业余搞创作虽也没少受表扬，但哪有这个过瘾。对改行，阎肃想不通，一百个不情愿。但组织决定，不干不行。阎肃心底下给自己做工作，说你演戏也摊不上什么好角，不是敌特、狗腿子，就是傻子。演不了好人，还写不了好人吗？行，服从组织安排。

团长又说，第一个任务先去部队当兵。阎肃问，当多长时间呀？团长说把家当全带上，老老实实当兵，什么时候回来不用你考虑。

一个大转向，阎肃带着情绪下到沙堤机场。到部队头天夜里就紧急集合，他把背包打成个面包跟着一个大个子山东兵跑。跟着跟着跟串了，跑到跑道尽头，就听到一声呵斥，你的队伍在跑道那头！那个狼狈，赶紧背着"面包"往回跑。更糟糕的是当兵也不是正经当兵，而是种菜，等于当菜农。买菜籽，整地育苗，锄草捉虫，泼粪浇水，收了菜大伙吃了，算是一季。完了再种第二季。"蹉跎，蹉跎，三十一了，哥哥"，阎肃心里那个别扭。同时又总想，老这么捏着鼻子当兵不行。时间长了，就悟出一个道理：要把要我当兵变我要当兵，让阅历变财富，主动变自由。

思想艰难转身，阎肃主动去亲近部队，和官兵交朋友。擦飞机，他拿个小刷子沾上油，刷缝隙里的灰土，人半蹲着，刷得腰酸背疼。休息时同官兵们侃大山，变魔术，演节目。后来给飞机加油呀，分解轮胎呀，加冷气，钻进气道，什么都干，成了一个不错的机械兵。渐渐地大伙都喜欢他了，他也不知道自己是谁了，只知道是他们中的一员。年底文工团来慰问部队，他代表部队上台致欢迎词，搞不清谁是娘家谁是婆家了。这一个猛子下去，在机场足足扎了一年半。回忆起来，阎肃感慨地说，生活功底就应是这样打下的，你被烧了又化，化了又烧，在熔炉里头滚。

精诚所至，金石为开。一首饱含真情，起伏着飞行动感的《我爱祖国的蓝天》，就在这熔炉里炼出来了。这首歌迅速唱遍了大江南北，家喻户晓，盛势直延续至今。国庆60周年阅兵，战机飞过天安门时，演奏的就是《我爱祖国的蓝天》。

我刚看了《红岩》，里头有个江姐，咱就写一个江姐吧

上世纪60年代初，阎肃读到小说《红岩》，热血沸腾。这之前，他写了个小歌剧《刘四姐》，讲女游击队长和土匪头子斗争的故事，演出大受欢迎。为了感谢导演、指挥和主要演员，用所得稿费到东来顺涮了一顿羊肉。席间有人调侃说，接着干啊，啥时再撮上一顿。阎肃当即应承，好。我刚看了《红岩》，里头有个江姐，咱就写一个江姐吧。

随后，阎肃利用探亲假，到爱人单位所在地锦州埋头创作。

阎肃曾在重庆生活10余年，写作的时候，他又深深浸入了那段黎明前的血火经历。当时是青年学子的他，目睹了反动派的腐败残暴和物价飞涨、民不聊生的末世情景，以一腔热血毅然参加了学生运动。每次上街游行，特务势力都会扮作迎亲和出殡的队伍，从巷子里冲出来，把学生队伍冲乱，这时装孝子的故意摔倒，新娘大叫脚被踩了，于是包括在四周卖烟卖馄饨的特务一拥而上，抡起棒子就打，棒子上全是钉子，一棒子一大片血。阎肃和进步青年们不畏强暴，继续立街，还在地下党赵老师的安排下排演《黄河大合唱》，自编自演讽刺国民党腐败的活报剧《张天师做"道场"》，传看共产党办的《新华日报》及鲁迅、巴金等进步作家的书籍。后来赵老师被特务逮捕杀害，接着又发生了校场口血案，这些经历给阎肃带来了巨大的震撼。写作的时候，当年的体验以及正反人物形象一下子喷

涌而出，汇诸笔端。

"几度墨汁干，木凳欲坐穿；望水想川江，梦里登红岩"，伏案18天完成了《江姐》初稿。拿回团里讨论，许多人感动落泪。刘亚楼司令员极为重视，要求精雕细琢，打造精品。阎肃怀揣剧本，和编导人员几下四川，与江姐原型江竹筠烈士的20多位亲属和战友座谈，并多次采访小说《红岩》的作者。修改打磨剧本时，刘亚楼还给他出点子，改歌词，让他关在自己家里写。刘亚楼说，我在莫斯科看歌剧《卡门》，主题歌非常好，《江姐》是不是也写一个？阎肃苦思冥想20多天也没有开窍，就拿出以前写下的一段歌词《红梅赞》给大家看："红岩上，红梅开，千里冰霜脚下踩，三九严寒何所惧，一片丹心向阳开。"刘亚楼一拍桌子，"好！就它了！"

经过两年锤炼，1964年9月，7场大型歌剧《江姐》在北京推出，连演26场，场场爆满。周恩来总理自己买票看了戏，回去就推荐给毛主席。新中国成立后，毛主席还没看过歌剧，这次，他看得很入神。在接见剧组人员

阎肃藏阅的《毛泽东选集》。

时，毛主席鼓励说，"我看你们可以走遍全国了，可以到处演，去教育人民嘛！"毛主席要跟作者聊聊。那天阎肃穿着旧棉袄，鞋子上沾着白灰，就被拉到了中南海。到了毛主席跟前，阎肃鞠个大躬："毛主席，我来晚了。"主席笑了，拉着阎肃的手跟他说了半天，并赠送他一套精装毛选。

后来为把《江姐》改成京剧，阎肃还去渣滓洞坐了7天7夜大牢。戴上沉重的脚镣，双手反铐，吃木桶装的菜糊糊，睡发霉的草垫子，坐老虎凳，被拉出去"枪毙"，体验先烈惨烈的铁窗生活。经过创作《江姐》的历练，他更加坚定了人生信仰，今生今世跟党走，大风大浪不回头！

我们这代人有个造化，由不得你愿意不愿意。
打一开始就被掐着脖子摁到水里头，
久而久之，你就如鱼得水，离不开生活了。

阎肃早年读到赵树理的一篇谈深入生活必须持久的文章，奉为圭臬。他说，我们这代人有个造化，由不得你愿意不愿意，打一开始就被掐着脖子摁到水里头，久而久之，你就如鱼得水，离不开生活了。几十年来，阎肃上高山、下海岛、走边防，几乎走遍了空军的飞行、机务、导弹、雷达等基层部队。到哪儿都是谦恭学习的普通一兵，比如永远是自己拎包，唯一的例外还闹了笑话。那次一位干事送站非要帮着拎包，拗不过就让他拎了。那位干事跑前跑后忙活，等火车开动了，才一个车上一个车下依依挥手作别，突然阎肃急得喊，"哎呀我的包哇！"火车扑哧扑哧开出去了，包还拎在人家手上呢……

与官兵息息相通，抒发他们鲜活的思想感情，是阎肃一贯的艺术自觉和追求。1986年夏天下部队，一到飞行师就同官兵打得火热，我目睹他与师长、政委、团长、团政委、连长、指导员直到排长、班长、战士聊了个遍。当时社会观念发生了很大变化，许多仰视厂长、经理、万元户的眼睛对"当兵的"却是丢斜眼，官兵们说，这不公平，不要说明天就可能去冒死打仗、抢险救灾，只要我们往出一站，谁不是堂堂七尺男子汉。我们放弃了很多机会，凭什么就低人一等？深夜，阎肃难以平静，这些棒小伙子干什么不成呀，但为了祖国和人民的需要扛起了枪，他们有自己的得失观和价值观，当兵要当得心胸坦荡、扬眉吐气！内心的感情激荡奔突，他握起笔，写下了《军营男子汉》歌词。作曲家姜春阳看到歌词激情难耐，很快谱了曲。这首充溢着阳刚之气，充溢着当代军人自豪、自强、自信的歌曲，立即引起了广大官兵的共鸣，唱响了万座军营。

这首歌写在东北瓦房店，但生活感受还取自他去过的许许多多部队。阎肃说，生活要长期积累，不是立竿见影的事，但生活不会欺骗你，它不定哪天就像陨石擦出灵感。写《长城长》也是这样。他曾去大漠边关采风，到了嘉峪关、敦煌、第一烽燧，伴着大漠冷月荒城，晚上怎么也睡不着。半夜爬起来，但不知写什么，写当下的情怀？写寂寞、艰苦？觉得都不够味儿，就搁下了。直到两年后总政搞《长城颂》，蛰伏的感受像电光石火倏然照亮了一种情境，《长城长》的歌词如行云流水般奔涌而出。

"都说长城内外百花香，你知道几经风雪霜，凝聚七千万英雄志士的血肉，托出万里山河一轮红太阳……"一曲荡气回肠、气势宏大的《长城长》获得了90年代"战士最喜爱歌曲"特别奖。还有《我就是天空》《天职》《连队里过大年》《云霄天兵》等一大批优秀军旅歌曲，都汇入了军队"精神的天空"。

刚才电视里播的节目是怎么回事？现实生活中有那样的人物吗，有那样的故事吗？简直是荒唐可笑。

几年前在山沟里一个部队招待所，晚上10点多钟，阎老突然走进我的房间，进门就怒气冲冲发排炮，说刚才电视里播的节目是怎么回事？现

《江姐》演出结束后，阎肃与演员、创作组成员一起座谈。右一为作曲家羊鸣。
（郭幸福 摄）

实生活中有那样的人物吗，有那样的故事吗？简直是荒唐可笑！发了一通火，末了阎老说，没什么事，就是要把心里头的话说出来，否则堵得一夜甭想睡觉。

你能体味到他对艺术要忠实于生活，有着一种刻骨的责任和担当。

1991年，阎肃接到一个紧急任务，为纪念建党70周年，在王愿坚小说《党费》的基础上创作歌剧《党的女儿》。在此之前已经"枪毙"了好几稿，阎肃觉得，写戏写人物不能偏离历史基础和生活逻辑，不可能文武双全，神通广大。这样的结果不可信，不真实，也失去了价值。

不顾现实，强贴硬造，硬跟现实"掰手腕"导致创作失败，阎肃有深刻的教训。他曾写过一个剧，主人公是西藏某气象站女站长。为了抬高人物，无来由地把她放到西藏平叛旋涡的中心，强力左右平叛进程。到舞台上一看，哪儿哪儿都不对劲，就忙着给它"打补丁"，费了很大劲，结果穿着华丽的服装走上台，却满身"补丁"。反之，成功的作品都源自生活。除了歌剧《江姐》，他还写过多部成功的剧作。创作京剧《红灯照》时，他跑到天津采访了几十个年过90的义和团成员，并多次走访清史专家，还去了武清县。《红灯照》演出后引起全国大轰动，成了久演不衰的红色经典，获得文华大奖。

阎肃紧紧把住历史真实的尺度，重新梳理《党的女儿》中人物的性格发展、情感冲突和与敌斗争的格局及命运结局。他讲述了这样一个故事：女共产党员田玉梅在白色恐怖中坚持斗争，重新点燃了七叔公和桂英身上的革命火种，成立了党小组。在极困难的情况下给游击队送盐，传递情报，除掉叛徒，最后为了拖住敌人被捕，大义凛然地走上刑场。

这是一阕在狂风恶浪中坚守理想信念的颂歌。创作时，适逢东欧剧变苏联解体，国际局势乱石穿空，每个共产党员都面临着一场严峻的考验，这种氛围正与剧情契合，阎肃把自己的感受和思考融入了进去。阎肃说，他一辈子做了6个正确选择，一是离开修道院去南开中学读书；二是在涌动的时代大潮中做进步青年；三是新中国成立后放弃学业投身新民主主义青年团工作；四是服从分配从前台到幕后搞专业创作；五是下部队当兵锻炼；六是"文革"期间有人劝他脱掉军装并委以重任，他坚决回到空军。这所有的选择，最终锤炼了他对党的忠诚和坚定信仰。他把一生的政治体验也写进了剧本。

《党的女儿》在乱云飞渡中登上建党70周年舞台，又一次盛况空前，引起轰动。复排到各地巡演，观者一票难求，甚至要在剧场加凳子。这部剧继《红灯照》之后再获文华大奖，被视为民族歌剧发展史上的又一经典。

一台《江姐》，一台《党的女儿》，新中国成立50周年国庆大典3台彩车巡礼剧，有这两台戏。2008年中国歌剧高峰论坛搞了一套纪念邮票，中国歌剧80年精选8部歌剧，也有这两台戏。

我始终有危机感，生怕被飞速前进的时代列车甩出去

当第一次听说《雾里看花》是阎老写的，我很惊讶。阎老怎么能写出那么青春飞动的歌呢？在今年青歌赛准备会上，面对一帮80后选手，满头银发的阎老上来就是一句，"我也是'80后'！我80周岁了嘛，货真价实的80后。"要是把这一句硬搬过来作答，我会更加疑惑。

然而更令人惊讶的是，这原本是一首打假题材的歌。当时央视搞《商标法》颁布10周年纪念晚会，要一首打假主题歌，没人敢领，就找到阎肃。想起假货泛滥，想起自己在福州买马海毛上当的事，他满口答应。可一上手就感到难，劝人不买假货，买假货会后悔，假货何其多，为什么要买卖假货？苦思冥想两个星期，想了100多个点子都不对味。老虎咬刺猬，无处下嘴，没辙。谁出的馊主意让我写？阎肃恨得直咬牙。

不急，阎老能处理好这个题材。导演倒是不急了。

阎肃常讲，我始终有危机感，生怕被飞速前进的时代列车甩出去。无论在哪儿，他每天都要读报看电视听广播，把触须伸向身边的人和事，大量获取新信息。他胃口极好，国家大事、国际新闻、文化资讯、社会时尚、坊间趣谈，他都吞到头脑里研磨消化。更可贵的是他勤于贴着时代前沿思考，所以他的作品有很强的时代穿透力。他创作《西游记》主题歌《敢问路在何方》时，是80年代中期，那时改革开放的脚步正摸着石头过河，"你挑着担，我牵着马，迎来日出，送走晚霞……一番番春秋冬夏，一场场酸甜苦辣，风云雷电任叱咤，一路豪歌向天涯"，你看他最后两句，"敢问路在何方，路在脚下"，唱得人们荡气回肠，浑身起劲。《京腔京韵自多情》系列也是，《故乡是北京》《前门情思大碗茶》《外国人喝豆汁》《唱脸谱》，听着唱着这些歌，在深深的陶醉中感受到祖国翻天覆地的变化。还有《风雨同舟》，本来是个即兴任务，后来它穿越时空，

成了历次赈灾晚会的主题歌。

这打假的歌怎么写？想着想着，过去的积累发酵了，灵光一闪想起川剧《白蛇传》里"待普陀睁开法眼"，演员叭地一个倒踢，在额上踢出一只眼睛。这又叫天眼，慧眼。"借我一双慧眼"，破题！"让我把这纷纷扰扰看得清清楚楚明明白白真真切切"，一拍大腿，成了！无一字打假，却句句打假。打假也已不仅是打假化肥农药鞋子之类，而是穿越迷茫，对真善美的诉求。《雾里看花》经那英一唱，立即以巨大魅力震撼歌坛，风靡全国。无论是打假、恋情，还是祥意，无论男女老少，人们都会从中体验到直叩生命密码的心灵悸动。

阎肃始终抱着乐观开放的人生态度。他热情拥抱新事物，嘴里常会蹦出"偷菜"、"雷人"一类的词汇。一次媒体采访，问他喜不喜欢李宇春，他语出惊人，"我也是个'老玉米'！"阎肃为电视剧《十万人家》写主题歌词，作曲家舒楠压力大得快崩溃了，阎肃说你为什么不写成周杰伦式的说唱音乐呢？舒楠一下子豁然开朗。人们都说阎肃精神不老，越老越红，能写出《雾里看花》，也得益于年轻的心态，得益于充满朝气的艺术感觉。

同时，"老玉米"坚决抵制歌坛刮起的恶俗之风。他说流行的就好吗，流行感冒好吗？理直气壮地批评情调低下的歌曲，指出地沟油、咸鸭蛋里的苏丹红毒害人，文艺作品里的"地沟油"和"苏丹红"更可怕，对孩子的毒害更大。艺术家要有良知，要把它看得真真切切，坚决打假。他带头倡议大唱红歌，弘扬真善美。今年江西省办了个红歌会，参加者大部分是业余歌手。阎肃很忙，但再忙也要去当评委。他说，红歌是历史的，又是时代的，将永远是中华民族精神的主旋律。

你看这个80后，真是一棵常青树。

（2010年7月21日《解放军报》）

王树增畅谈阎肃的道德风范

◎ 黄春一

谈阎老，还是要按他的风格走。一些平凡琐事，成就了他一个人的形象。大事也干小事也干，形成了他一生的品格。一个人一辈子踏踏实实，很低调地尽职尽责不是容易的事，这让他赢得了大家的敬重。我早年在空降兵服役，年轻时就非常景仰阎老，后来因为工作的关系，又和阎老相识相交20多年。我庆幸人生中能够不断地受到阎老的指点教诲，他坚定的革命信仰、高深的艺术造诣，还有豁达的人生态度，给了我很深的影响。

我们一起参加国军内外很多次重大的艺术创作活动，阎老始终是创作团队的主心骨和顶梁柱。阎老很在乎他身上的这身军装，他曾多次跟我说过：作为一名老兵，只要是为部队服务的事，无论大小都比天大。去年文艺座谈会上，出了大家已经熟知的"风花雪月"，他还讲"军营是我们创作的沃土，战士是我们讴歌的主角，离开了这些就没了兵味战味，甚至会变味。"他对空军情有独钟，一说起空军就豪情满怀，荣誉心特别强。他把自己当作普通一兵，以平凡的姿态生活在我们当中，这是令我们仰望的。

我记得在一次全军文艺会演中，由于他年龄和身体原因，医生坚决不允许他进西藏，这让他很不高兴，这是我看到这位总是笑哈哈的老者少有的郁闷时刻。我们从西藏下来后，他认真地看录像，还不断问我西藏部队文艺作品的一些事情。他说，不上高原，对不起在高海拔工作的战友们，我得好好检讨一下我的骄娇二气！要知道，当时他已经是80岁高龄了。老爷子守时，每次开会研究创作问题，主创班子里年龄最大的他无论刮风下雨，总是第一个到达会场，踏实少有的从来没有迟到记录的人。守时看似一个很普通的习惯，但是有深层次的意义。阎老我了解，不管他地位有多高，成绩有多大，他始终把自己搁在卑微的位置，宁可我等你，不让你等我，而且不管对方是谁。这不仅仅是一种处事态度，还是一种优良品质。

每年春节晚会他都在，大年三十的时候在演播厅里面。你要知道一位老人，年年如此，给大家带来欢乐。我经常和他下部队，从没听说过吃得不好住得不好。大家都说老爷子好侍候，你上盘饺子他就乐坏了，你说有包子，那行了，全齐活儿。他老说单位的食堂太好了，他老说他小时候受苦，到了今天，怎能不知足？他从不跟组织说什么个人的事儿，脸皮薄，自己的事情嘴难张。他倒是不断地提起他的一对孪生外孙龙啊凤啊的，说起来就幸福成一朵花。他也发火但从不心存妒恨，转眼间便像个孩子一样笑起来。在人称大师面前，他极力卑微自己，他求的是心境坦然平和。他对自己的利益、声望，以及别人给的东西从来不争。对他从事的事业，他要争第一，自己和自己较劲。

每年晚会的压轴歌词，难度都极大，几乎都是他亲自创作。每次都是规规矩矩的把草稿打印出来。恭敬地听取大家的意见。他是歌词大家，但我从来没有见过因为别人七嘴八舌给他提意见而令他不高兴。每次听取意见后，很快他又拿出新的稿子念给大家听，其实谁都明白，为了一首经得起推敲的好歌词的创作，老爷子将熬过多少个不眠之夜？阎老是个严肃的艺术家，正是他对自己作品质量近乎苛刻的精神，因此才有《我爱祖国的蓝天》，才有《长城长》和《我的家园》。他的作品，没有颓废情绪，永远是向上的、积极的、乐观的。对真善美的追求，踏实抱定不放的。当前不少歌有小鸡的、悲观的、媚俗的，甚至是宿命的色彩，但老爷子手里不会出现这种东西。我觉得这不但是一个美学观点，还是一个哲学观点。作

2010年7月，阎肃和羊鸣在大剧院音乐会现场。（郭幸福 摄）

品里有他的价值观，传递出一种信仰的力量。每当江姐和她的姐妹们"含着热泪绣红旗"的唱段绕在耳边的时刻，他很自然地联想到，阎老是用他一生一世的心血在绣他心中的那面旗帜，这面旗帜就是一位老党员终生追求的革命理想。

在中国人民抗日战争暨世界反法西斯战争胜利70周年纪念活动中，阎老和我都转载晚会主创策划小组。长达数月的艰辛工作，阎老始终保持着旺盛的创作激情，以他渊博的学识，再次成为策划的领军人物。无论是敌后战场、正面战场还是沦陷区流行的抗战歌曲，他随口就能哼唱出几十首，并能够背诵出歌词，唱出旋律，讲出创作者和创作背景。有一次，晚会文案选了很多欧洲的抗战歌曲，但发现缺少东欧地区的，当时我们选了一首《啊朋友再见》，南斯拉夫电影的插曲，大家都说好，唯独老爷子说不行。他说，词是抗击法西斯的没问题，但是这个主旋律是意大利的，跑到轴心国去了。一查，果然是意大利民歌转过来的调子。在敲定晚会主题的时候，阎老深情地回顾了他少年时在重庆的经历，以他的亲身感受给全体主创人员传达了一种精神，那就是：中华民族永不屈服的伟大精神和中国共产党人的中流砥柱作用，是赢得民族尊严的根本保证，我们必须用晚会这种艺术形式告诉当代中国乃至全世界，中国人民不但无比珍惜这种精神，而且决心世代传承下去，中华民族伟大复兴的梦想，必定能够实现！

　　他大我20多岁，是良师益友也是兄长。一起出差我很愿意跟他提箱陪伴，扶他上下楼梯。作为老师，他一直关照和关注着我的创作，虽然我们不在一个艺术领域，但他熟悉我创作上的一举一动，这令我很惊讶，也很感动。我的每部作品他都熟读过，并且给了我很多教诲。在我的战争系列著作写作的漫长时光里，他不断地对我说，这是为党和人民以及我们的民族树碑

　　2014年11月13日，空政文工团、电视艺术中心和创作室等两百余名演职人员相聚在北京蓝天剧院，共同聆听空政文工团著名剧作家阎肃关于中央文艺座谈会的辅导讲座。（郭幸福 摄）

立传的大事业，不但要倾尽全力，而且必须要成为传世经典。《抗日战争》第三卷刚一出来，样书我刚刚拿到手，就接到了他发来的一条很长的短信，措辞跟古诗词似的，说什么喜闻大作出版，是否能签上大名惠赠一套，不胜感激等等，说得我诚惶诚恐，立即给他打电话说：老爷子您在家待着啊，不要动啊，我这就送去。我和老伴捧着书刚进小区大门，就发现他一个人在大门的花坛旁边等着，眼巴巴地看着我来的方向。当我把厚厚的三卷本递给他的时候，他高兴得像个孩子般抱着，脸上堆满了笑容。老伴悄悄对我说，老爷子瘦了很多，是不是身体不舒服？我这才发现阎老确实消瘦了不少。望着这位85岁的老者，我很心疼，鼻子酸酸的。没过几天，就听到阎老生病住院的消息，很多人也为之牵挂。真心希望阎老身体能快点好起来，再听听他对我作品的感受和批评。他就是一位很可爱的老人，很可爱的老艺术家，一片赤诚之心，心地善良纯正。它体现出来的谦虚谨慎、承德向善的道德风范，正是我们时代和社会需要学习和倡导的。

（2015年11月《空军报》）

我的窍门是认真对待每一项工作

◎ 祖 薇

上世纪50年代，空军政治部文工团的艺术家阎肃从拉大幕开始了自己的艺术道路；10年后，他写出了让国人感动不已的歌剧《江姐》，其中主题歌《红梅赞》传唱至今。明日，《江姐》将在国家大剧院再度上演，空政文工团团长杨月林透露："尽管属于老剧重排，但在国家大剧院上演的所有歌剧中，《江姐》的票房一直是最好的"；到了上世纪八九十年代，阎肃又让很多人记住了《敢问路在何方》《故乡是北京》《长城长》《雾里看花》等歌曲；新世纪来临，耄耋之年的他经常以评委、嘉宾的身份出现在各电视节目中……60余载讴歌主旋律，80岁高龄依然战斗在社会主义文艺第一线，阎肃因此被誉为文艺界的"定海神针"、"词坛泰斗"、"国宝级艺术家"。

对此，阎肃的感觉却是"如芒在背"。在接受记者采访前，空政文工团团长杨月林曾收到阎肃的一个纸条："我诚恳地请求组织，不要宣传我，一定要多讲讲大家，事情都是一起做的。"采访中，阎肃也一再强调："词坛泰斗、国宝级艺术家之类的说法，我一概不承认，根本没有的事，感觉自己没做什么，怎么就有了这么高的评价。我唯一承认的，就是我很勤奋，我认真对待每一分钟。"他提到，一个人写一个作品，火了，这很不容易；写两个作品，火了，更不容易，但也有可能是撞大运；如果他写十个作品，都火了，都很受认可，他一定有自己的窍门。"我的窍门就是认真对待每一项工作。"

写《红岩》在渣滓洞关了7天

上世纪50年代，阎肃就开始在空政文工团工作，那时候的他自称"一专八能"，拉大幕、说相声、演曲艺、打快板、演唱、跳舞什么都能干，业余时间还自己搞文学创作。1961年，看了小说《红岩》，阎肃决定为江姐创作一部歌剧。"当时领导给我探亲假，去锦州看老婆，连来带去20天，老婆去上班，我就趴在炕上写了18天，把《江姐》写了出来，回去让文工团领导一看，都说好，念到哪都有人感动得哭。不是说我写得多好，而是江姐的事迹太感人了。"

为了使《江姐》这部歌剧更加贴近真实，阎肃和其他同事又几次去重庆采访。在那里他们走访了川东许多活着的地下党员和脱险革命志士，并专程到渣滓洞集中营体验了一周牢狱生活。"我们一行人当时就是为了体验坐牢的滋味去的，《红岩》的作者罗广斌当监狱管理者，另找了一批人当行刑队，去体验的人都编上号，我好像是3841号，一'入狱'就被戴上了手铐，他们'整我'，结果给我反铐上了，这么一铐，我吃饭、睡觉都没办法了。还戴上了脚镣，特别重，碰到踝骨上钻心的疼，所以走路得把脚镣抡起来。管理也是当年的样子，外面有人把守，牢房内'难友'之间不让说话，只能相互看一看。牢房不让抽烟，到了晚上和中午放风的时候，可以抽烟，还有'难友'被拉出去'枪毙'，我们在牢房里开追悼会……一切都按真的来，我们真的体会到了革命志士的不容易了。"

《江姐》的创作集中了当时空政最有才华的精英，作曲由三位著名的作曲家金砂、姜春阳、羊鸣共同完成，陈沙任导演，黄寿康、冷永铭任副导演，黄寿康同时还兼饰演剧中的大反派沈养斋，万馥香演江姐，孙维敏

2007年10月1日，阎肃等在国家大剧院观看歌剧《江姐》后，与演员合影。（郭幸福 摄）

演双枪老太婆，刘痕演反派甫志高，杨星辉演蒋对章……他们中的大多数人，一生大部分时光都比较平凡，但在歌剧《江姐》的表演中，都迸发出了炫目的光彩，像是把一生的才华、精力都集中于这一点爆发了。此后，歌剧《江姐》又经历了两年的修改、排练，"曲谱从头到尾整整修改了两遍，直到最后食堂的大师傅，听着排练厅传来的歌声，边和着面边被感动得哭出来，大伙儿才觉得行了。"

1964年9月，歌剧《江姐》在北京儿童剧场首次公演，很快就从北京火到了全国各地。从1964年9月至1965年10月，《江姐》为部队、党政机关、工厂、学校及各地公演共257场，创造了中国歌剧史上的奇迹。不仅如此，全国其他很多剧种，越剧、昆曲等数百家文艺团体都按剧本改编陆续移植上演。这又是中国戏剧史上的一个奇迹。

那些流行歌曲多是命题作文

但到了上世纪80年代，戏剧市场不景气，需求锐减。阎肃也随即转身，开始研究电视晚会，并由此担任了十五六届春节晚会的撰稿及策划，同时还创作出大量优秀歌曲。他写的第一首通俗歌曲就是电视剧《西游记》的主题歌《敢问路在何方》。

1983年《西游记》投入拍摄时，剧组约阎肃来写主题歌，阎肃答应了。看过样片之后，他就开始琢磨："他们师徒四人，作为大师兄的孙悟空牵马走前，师父唐僧在他身后，沙和尚挑着担子，善于倒打一耙的猪八戒跟在最后头……"于是，"你挑着担，我牵着马，迎来日出送走晚霞"从他心底涌了出来。兴奋之余，阎肃仍觉得缺深度，"当时逼得我满屋子转，居然将地毯踩出条白印来。"猛然想起鲁迅先生的"地上本没有路，

阎肃与文工团员在一起。（郭幸福 摄）

走的人多了，也便成了路"，瞬间蹦出"敢问路在何方，路在脚下"的点睛之笔！"有了这句，全盘皆活。"于是，一曲《敢问路在何方》就这样传遍了千家万户，成为那时最为流行的歌曲。

那段时间，阎肃参与策划、撰稿的电视晚会特别多，几乎每个晚会上都会有他的一两首歌，《雾里看花》就是那时诞生的。"当时中央台为搞一台纪念《商标法》颁布10周年的晚会，请我策划，其中有个片段是打假的，要写一首打假歌。我想，直接写太麻烦了，那时假冒商品最多的是化肥、农药等，但总不能写'化肥是假的，农药是假的，皮鞋是真的'吧。"想来想去，阎肃突然想到川剧《白蛇传》中韦驮踢"慧眼"的情节，灵感一闪，"识别真假也得有慧眼啊"，于是"借我一双慧眼吧，把这纷扰看个清楚……"顺应而出。"这首歌最早就叫《借我一双慧眼》，大家唱着唱着嫌麻烦，干脆就用第一句歌词代替了，歌名就成了《雾里看花》了。"这首歌从一问世，可能就没被看成仅跟"打假"有关，有人说它是描写男情女爱，卿卿我我；也有人说歌词里有"禅机"，能从中悟出人生哲理。那阵子，朋友特别爱和阎肃的儿子阎宇开玩笑，"你们家老爷子真行啊，这么大年纪了还能写出如此缠绵的歌，是不是没事儿，在下雨天儿老跑到公园里'雾里看花'啊？"阎宇听了只能尴尬地一笑，"我心想了：我们家老爷子就算是真有这份儿心，也没这个胆儿啊。"

只要活着，学习是必需的

阎肃坚信"艺术创作离不开生活"。"比如《我的中国心》我就写不出来，'洋装虽然穿在身'，我没穿过洋装，自然没有那种感觉，"阎肃说自己的歌曲都是得益于生活。比如那19首京味歌曲，《故乡是北京》的灵感源自老华侨赵浩生发表的一篇文章，他在文章中回忆了在北京的童年。阎肃则在文章中读出了童心、乡情，结合自己对北京生活的熟悉，

"油条、豆浆、家常饼，紫藤、古槐、四合院"一句句歌词就如行云流水般溢了出来；《北京老字号》来自年轻时他扮演过曹禺作品《北京人》中的江泰，"那是一个精于吃喝玩乐的混蛋，他有三大段台词用贯口把北京的各种名吃归纳了出来……《前门情思大碗茶》《北京的桥》都离不开我对北京的熟悉。"

熟悉阎肃的人知道，他并不是北京人，那么他为什么能写出这么多京腔京韵的歌曲呢？阎肃总结说，一是读书，老舍、曹禺的小说、剧本一本不落全读过；二是看戏，人艺的戏，一出没落下全看过，天桥的大戏、小戏、相声、曲艺也全看过。"最困难的时候，舍不得吃，舍不得喝，舍不得坐车，从大红门一路走到天桥来看戏，钱全捐给戏园子了。"第三就是演戏，年轻时，阎肃是舞台上的活跃分子，加上记性好，至今他仍对那些台词倒背如流。

阎肃的学问不仅限于京味文学，很多人都说他是学问的"杂货铺"。"我觉得这么多，这么杂，应该是缘分。我是个吃什么都香，看什么都有劲的人。有的人研究《楚辞》，他绝对不愿意看武侠小说；有的人喜欢写诗，就绝对不会去看理论文章；写小说的就不一定喜欢剧本，什么莫里哀、莎士比亚、老舍，压根就不理。而我偏偏都喜欢。古典音乐我也喜欢，京戏我熟悉极了，川剧我很多剧本都能背。"如今80高龄，阎肃也没断了读书看报的习惯。他说"很怕被时代列车甩出去"，因为这个列车走得非常快，特别是现在这个时代，改革开放以后你看一晃就30年过去了。所以，"只要活着，学习是必需的。"

阎肃轶事：同事眼里，他是最好相处的"大腕"

作为文艺界"大腕"级人物，阎肃从来没有架子，在军队大院里不管是见到花匠、打水的，还是烧水的、扫地的，他一定会主动上前打招呼，而且微微鞠躬说："您好。"阎肃时间观念特别强，每次团里开会，他总是提前10分钟到场，从不迟到。他的司机赵善强记得，每次有什么新闻发布会、看节目等活动，阎肃总是提前到，而且早早在楼下等车。刚给阎肃开车时，小赵总是提前5分钟到阎肃楼下等，没想到阎肃早就到了，以后小赵就提前10分钟到。遇到参加大活动，阎肃总是把时间留得很宽裕。一次，到人民大会堂出席一个活动，本来提前半个小时就够了，他们提前一个小时就出发了，到场一看，阎肃是到得最早的嘉宾。

每次下部队，阎肃都要拎一个包，分量不轻，但从来不让别人帮忙。一次，空政文工团团长杨月林和阎肃下部队采风。到了部队后，接待的官兵非常热情，非要帮忙拿东西，阎肃死活都没同意。原来，阎肃有一次下部队采风，一个干事心疼老头，非要帮他拎包。拗不过，阎肃只好让他拎着。一路上，这位干事照顾得非常周到，跑前跑后忙不停，回来时还把阎肃送上了火车。火车开了，阎肃坐在火车里向那位干事招手告别。那个干事站在站台上也向他告别，手里还拎着阎肃的包——人走了，包却忘了。当时把阎肃急得直喊："我的包啊！"从那以后，无论到哪儿，阎肃再也不让别人帮他拎包了。

后辈眼里，他是前卫的"老顽童"

阎肃的本名叫阎志扬。1950年，他在西南文工团时，因为总爱开玩笑、讲故事，有人给他提意见，说他太不严肃。阎肃说："说我不严肃，那我干脆把名字改成阎肃。"可改了名，他仍然严肃不起来。

1972年，现任空政文工团艺术指导仇非，在一次演《起飞线上》时骨折了。不久，他收到阎肃的一封信。信上，阎肃是这样写的："仇非，听说你骨折了，架双拐了。哈哈！祝你早日康复！阎肃。"阎肃既顽皮又轻松的语气，让仇非哭笑不得。曲作家姚明也得到过阎肃这样的安慰。母亲

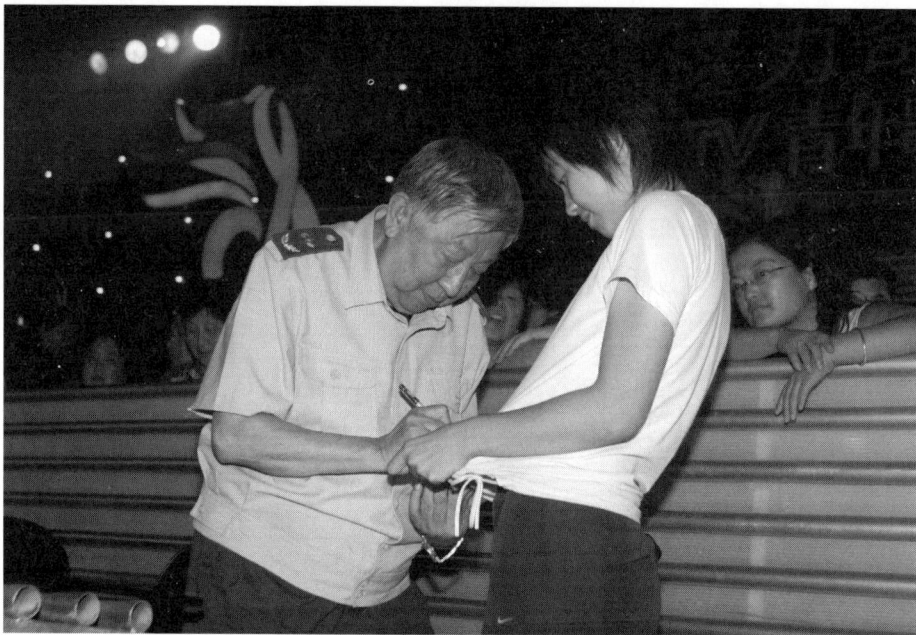

2006年7月，阎肃在央视青歌大赛现场为粉丝签名。（郭幸福 摄）

　　去世的那几天，姚明非常难过，路上遇到阎肃，阎肃郑重地说："大明，人都有那么一天，想开点。"随即他话锋一转，"有一天我阎肃要躺在上面，我就求你一件事，到时候你小子可不许乐。"

　　创作上，耄耋之年的阎肃同样豁达、时尚。2008年年底，央视一套节目黄金档要播出30集电视连续剧《十万人家》，请舒楠负责创作电视剧所有的配乐和主题歌，又邀请阎肃写词。由于长期搞电影音乐，舒楠对搞电视剧音乐心里没底。没想到没几天阎肃就给他打电话，说词已经写出来了，并在电话里念给舒楠听。舒楠感到阎肃的词写得很美，既大气又深情。而作曲方面，自己的压力还是很大，阎肃就对他说，"你为什么不把它写成周杰伦式的说唱音乐？"阎肃的意见让舒楠十分惊讶，因为这句话出自年近80岁的阎肃之口，他感到思路太超前了。舒楠按照阎肃的意见，在整个音乐中加了16个小节的rap，出来后效果非常好。兴奋的舒楠逢人就宣传"这个点子是阎老出的"。

儿子眼里，他是较真的"阎老肃"

阎肃的称谓很多：改革开放的前期，他被称作"阎老师"；又过了些年，晋升为"阎老"；进入上个世纪90年代后，基本上被官称为"老爷子"，但熟悉的人却愿意叫他"阎老肃"。阎肃儿子阎宇说自己曾十分困惑："为什么中间要加个老字呢？也许是出于尊重，也许是因为爸和我都属于年轻时就显得'面老'的人。十七八岁时，看上去像20多岁；20多岁时，像30多的；一直等到真的三十五六岁时，面相才终于接近实际年龄了。好在从这以后也不怎么变了，倒是能在后半辈子经常被人夸年轻了。"

进入"耳顺"之年后，阎老肃就什么话都能听得进去，不慌不乱，当然也能坦然地接受各种吹捧、马屁声了。来家里看老爷子的人不少，大多又客气又恭敬，赞美声不断，老爷子于是乎也顺着"高音"云里雾里转一圈，得意之余还哈哈大笑。但乐归乐，并不"晕"，等客人走后，老爷子会自嘲："我哪有那么'高'啊，说得也忒神了，哪有的事啊。"

老爷子对找他帮忙的人，总是本着能帮则帮的原则，但对于来"求师"的，就总是很冷淡。有不少想在歌词界发展的年轻人，会把作品寄给老爷子，希望能得到指点、修改，更希望能帮他们推荐出去，但老爷子对此并不热心，有时还会"泼泼冷水"。对于上门请他帮忙改"作业"的，他干脆笑哈哈地说："不是不行，而是根本不行——其他事都好帮，但艺术创作上没法帮。"

阎宇记得，大学后，自己曾为一首名叫《彩虹》的歌填词，后来这首歌请作曲家孟庆云谱的曲，由几名歌手唱过，反映还挺不错。但大家都以为是阎肃写的，在晚会和发表的词刊上都署着阎肃的名字。他这下急了，到处跟别人说，找人更正，弄得儿子很下不来台。"老爷子认为，在创作这个领域，必须要靠自身的积累、用功、努力，而且一定要经过投稿、退稿、修改、再投、再退、再修改这个过程，谁闯过去了，谁就能成功。如果仅仅想靠一两位名家指点指点，推荐推荐，就算这个作品名家帮他改好，推荐出去用上了，能说明什么？以后你不照样还不是没自己的真本事吗。""生活不会欺骗你。"阎宇说父亲很信这句话。"他认为的生活，一是认真观察思考生活，刻苦学习各方面的知识；二是老老实实地全身心地投入艺术实践。结果肯定是投入多少收获就有多少。"

"对我们这些子女他也是这么要求，从不'逼子成龙'，他不太赞成'不想当将军的士兵就不是好士兵'。——那是啊，都当将军了，这司令部里也站不下啊！他不太赞成几年前常提的所谓'狼性'，要是大家都有'狼性'，就只剩下互相吃了。他常说我们每个人做好自己，能学习能进步，做个对社会有用的人就足够了。房子、车子再好再大，并不跟幸福直接画等号，我们每个人百年之后能带走的也就是自己的学识与修养。我想他一生不断学习可能就是希望比昨天的自己进步就好了。"

（2010年7月19日《北京青年报》）

刘和刚畅谈阎肃的进取精神

◎ 刘晓伟　谭　超　郭幸福

　　这些年，不论我在军营还是在地方演出，大家和我聊天，多是先聊人民空军辉煌成就，再聊人民空军英模人物，最后都会不约而同地聊道："你们空军有个阎肃，那老爷子，厉害！"作为阎肃老师的同事，每次听到这些，我都特别骄傲和自豪，这是广大官兵和人民群众对阎老矢志不移讴歌强军梦的褒奖！

　　虽然和阎肃老师朝夕相处13年多，熟悉得不能再熟悉，却总感到他是高不可攀的偶像，身上可学东西实在太多。这两天，我反复研读空军党委的《决定》，其中号召大家学习阎老的"勤奋向上、追求卓越的进取精神"，最让我感同身受。自习主席提出强军目标的战略要求以来，让每一首军歌成为强军梦的冲锋号角，更是阎老坚持不懈的艺术追求，这种进取精神引领我不断成长进步。

　　从小我就爱听阎老的歌曲。那时家里生活条件不好，面对嗷嗷待哺的姐弟三人，妈妈常给我们唱《红梅赞》，既为自己鼓劲，也让年幼的我们感受生活的艰难、体会战胜困难的力量，我们觉得特别好听，但并不知道这是歌剧《江姐》主题曲，更不知道作者是谁。后来慢慢知道是阎老创作的，特别崇拜他。

　　我当初选择空政文工团主要是因为"空军有阎肃"。1993年，我在

2014年1月11日，阎肃和刘和刚在文工团。（郭幸福 摄）

黑龙江省艺术学校学习，在一次练功时摔伤了腰，卧床休养了一个月，每天都听阎老的《敢问路在何方》。这首歌不仅陪伴我战胜病痛，也坚定我"路在脚下"不断进取的人生信念。1997年，我考入解放军艺术学院，军训后上第一堂业务课时，老师孟玲就问："和刚，毕业后你准备去哪儿发展？"我当时毫不犹豫地说："我想到空军去，空军有阎肃！"于是，我从大三开始就报考空政文工团，几经周折，如愿以偿。

2001年7月18日，我到文工团报到，终于见到了仰慕多年的阎老。我和阎老还真有缘分，到空军我演唱的第一首歌，就是他和孟庆云老师创作的《重逢》，是一首讲述战友情谊的歌曲。我凭借这首歌获得了全军首届声乐比赛三等奖。

《江姐》第五次复排时，团里安排我扮演华为。我觉得自己学声乐，没演过歌剧，况且快30岁了，扮演十八九岁的青年，会不会大了些，还有就是《江姐》名气这么大，我要是演砸了，也给空军丢脸。我把想法跟团领导汇报后，没得到批准。有一天排练时，阎老见到我就说："和刚，听说你不想演我的歌剧？"我说"是怕给您丢人。"阎老鼓励我："别看华为这个角色戏不多、词也少，但对整台戏有着贯穿作用，必须有个男高音顶上去，你不仅能演，而且一定能演好。"阎老利用各种时机鼓励我，还手把手地教我台词和走位置。在阎老悉心指导帮助下，我扮演的第一个歌剧角色成功了。

我先后参加了几次青歌赛，阎老不是评委就是监审，前几次我都因综合素质得分低而名落孙山。记得有一道题是播放戏曲艺术家新凤霞的一段评剧后，问我是谁演唱的。我没答上来。比赛后，我天天躲着阎老，怕他批我。可越怕越能碰上。让我没想到的是，阎老见到我的第一句话是："新凤霞啊！以后我就叫你新凤霞吧！"这让我减轻了不少压力。之后，

2008年3月，阎肃在央视青年歌手大奖赛担任评委。（郭幸福 摄）

阎老把我叫到家中，拿出"老三篇"让我通读，并要求我加强学习，提高综合素质。

2006年，我再次参加青歌赛，演唱《美丽的楼兰姑娘》，加上综合素质分，总分是100.13分。现场评委惊讶了，认为怎么可能超过100分呢？观众也议论纷纷，赛场电话被打爆。总导演赶紧询问监审组的阎老。面对现场和电视机前的观众，阎老沉着地说："唱歌我是门外汉，但我可以给大家算笔账，刘和刚的演唱分是99分，综合素质是1分，他的歌是新歌，加了0.13分，总分是100.13分，可是本次比赛的满分却是100.3分，他还没得满分呢。"阎老这么一说，场内外观众都心服口服了。

2011年，是我到空军工作的第十个年头。我找到阎老提出"能不能给我写首歌"。阎老当场表态："我创作了《人民空军忠于党》，挺适合你的。"我一听歌名就说，不是已经有《人民军队忠于党》了吗？阎老说："这不矛盾，不仅可以有《人民空军忠于党》，还可以有《人民海军忠于党》呢！"我拿到歌词一看，大气磅礴，抒发了空军官兵爱党爱国爱人民的壮志豪情，每一句都像强军路上的冲锋号："战斗的烽火锤炼了我们钢铁的翅膀，英雄的旗帜飞扬着我们忠诚的信仰，人民哺育我成长，大地给我力量，我们接过先辈的光荣，勇敢地踏上战场。"阎老请李昕老师作曲，我们三个一起研究，不断打磨。创作过程中，我觉得歌词最后一句要是去掉，就更增添了进行曲的味道。可心里这么想，却怕阎老不高兴。实在憋得不行，才硬着头皮提出这个问题。阎老听了，不仅没生气，还高兴地说："艺术的最高境界就是让人接受，让人们发现自然的美、生活的美、心灵的美。就按你说的改！"精心制作的《人民空军忠于党》一出炉，就受到广大官兵和观众的喜爱，我也因为演唱这首歌曲，成为空军大型晚会的压轴演员。阎老总是强调，军营是我们创作的沃土，战士是我们讴歌的主角，没有兵味战味就容易变味。

阎老在各种比赛现场风趣幽默的精彩点评，给大家留下深刻印象，既为阎老渊博的知识折服，又为他"80后"高龄却总有"阎式新语"而惊讶。这与老人家不断学习分不开。这两年，我和阎老一起在山西电视台《歌从黄河来》总决赛中当评委，经常是一坐就是二十几场，阎老场场不落，每次点评都认真负责，带着感情和选手交流，有针对性提出发展方向。每一场比赛，阎老都提前到场做功课，审看选手节目单，遇有新曲目，都要请剧组人员收集相关资料，仔细研究，以保证每首歌背后的故事一清二楚。阎老舞台上和生活中，说话向来笑容可掬，但也有不客气的时候。有一次，一名选手演唱改编的《康定情歌》，阎老听了后表情严肃，直截了当地对选手说："改编不能把作品改得面目全非，而是要有传承和发扬。你的改编没有生命力。"

习主席在文艺工作座谈会上指出："文艺创作方法有一百条、一千条，但最根本、最关键、最牢靠的办法是扎根人民、扎根生活。"阎老最爱穿的是军装，最爱去的是军营，最爱写的是军歌，写出的《我爱祖国的蓝天》《军营男子汉》《我就是天空》《云霄天兵》，成为官兵传唱不衰的强军战歌。

这几年，在阎老等老艺术家的指导帮带下，特别是在空军各级领导的关心培养和战友们的支持帮助下，我取得了一些成绩。有一天，阎老语重心长地对我说："能走到今天，千万别忘了这个团队，是人民空军给了你这个强大的平台，你永远是这个团队的孩子。切记得意时不能凌驾于组织之上，失意时不能游离于组织之外。"我当时就表态："您是空军文艺战线的举旗人。我要像您那样坚守理想，努力用优秀作品赢得广大官兵和人民群众的喜爱和欢迎！"阎老哈哈一笑，拍着我的肩膀说："举旗人我不敢当，讴歌强军梦，我们一起来努力！"

（2015年11月《空军报》）

忠诚的部队文艺战士
德艺双馨的人民艺术家

◎ 张文罃

　　空军政治部文工团创作室一级编剧阎肃同志，从事文艺工作60多年来，先后创作了1000多部（首）文艺作品，许多深受人民群众和部队官兵喜爱；获得国家和军队文艺奖100余项；参与策划了100多场影响深远的重大文艺活动，在生病入院前夕，依然活跃在文艺工作第一线，为促进社会主义精神文明建设，发展繁荣社会主义文艺事业做出了卓越贡献。先后被评为空军优秀共产党员、优秀文艺工作者，曾获第十二届"中国戏剧奖终身成就奖"和第八届"中国音乐金钟奖终身成就奖"，堪称文艺战线的一面旗帜，被誉为"忠诚的部队文艺战士，德艺双馨的人民艺术家"。

　　他创作的主要作品包括歌剧《江姐》《党的女儿》《忆娘》《刘四姐》等；京剧《红岩》《红灯照》《红色娘子军》《敌后武工队》等；歌曲《我爱祖国的蓝天》《长城长》《军营男子汉》《人民空军忠于党》《梦在长天》《我就是天空》《蓝天行》《故乡是北京》《前门情思大碗茶》《唱脸谱》《雾里看花》《万事如意》《敢问路在何方》《旗帜颂》等。并参与了大型文艺晚会《祖国颂》《回归颂》《长征颂》《红旗颂》《小平您好》《为了正义与和平》《我们的旗帜》《八一军旗红》《我们万众一心》《我爱你中国》《胜利与和平》，大型音乐舞蹈史诗《复兴之路》、中央电视台春节晚会、文化部春节晚会、公安部春节晚会和自1990

2015年阎肃全家福。（郭幸福 摄）

年始的全部23届军民迎新春文艺晚会的主创工作。

先后担任中国文学艺术界联合会荣誉委员、中国作家协会会员、中国戏剧家协会副主席、中国音乐家协会会员、中国曲艺家协会会员、中国电视艺术家协会会员、中国音乐文学学会荣誉主席、中国歌剧研究会会员、中国轻音乐学会常务理事、中国大众音乐文学学会理事等职务。多次担任全军文艺会演、CCTV青年歌手电视大奖赛、《星光大道》、中国红歌会等文艺界大型赛事和活动的评委。

【一】抒肝胆聚风雷碧血丹心拥朝晖

风云激荡，方能锻造忠诚品格；大浪淘沙，方能沉淀信仰真金。1937年，日军全面侵华。年仅7岁的阎肃随全家辗转逃难到重庆，栖身于一所天主教修道院。由于父母都是天主教徒，这位教名为彼得的少年，迫于穷困在教会学校读了5年书。因为国文老师是前清的秀才，所以他在那时就打下了最初的古文底子。正在学校准备推荐他到高级修道院精修时，经父亲一位思想进步的朋友的极力劝说，他离开修道院，考取重庆南开中学。脱下黑长衫，穿上新校服，一下子感到外面的世界是那么新鲜和自由的他，艺术天赋初显，与同学一起排演《黄河大合唱》，自编自演讽刺蒋介石的小话剧《张天师做"道场"》，传看共产党办的《新华日报》，阅读鲁迅、巴金等进步作家的书籍。1949年春天考入重庆大学后，他很快接触到中共地下党领导的外围组织，像一团火一样积极投身于爱国学生运动。

在重庆大学担任大专部文艺部副部长的阎肃，由于在组织大家说相声、唱歌、演戏过程中体现的文艺素养受到新民主主义青年团西南工作委员会的青睐，所以大学还没读完，他就带着对组织的深厚感情和早日投身新中国建设的强烈愿望，于1950年9月从重庆大学肄业，加入了新民主主义青年团西南工作委员会下属的青年艺术工作队。当时的同学们都不理解甚至有些不屑，"好好的大学不念，唱戏去了。"风雨苍黄，世事莫测。在历史这本大书中，或许包括主人公自己在内的同龄人当时都不一定能预想到，这样一个不论是当年还是现在看来

都不太符合常规的弃学从艺决定，将开启一位名字和作品长久留存在共和国文艺史册的艺术家何等辉煌而又漫长的艺术人生。抗战时期，作为陪都的重庆在政治和文化上都发挥着十分重要的影响。毛主席和周总理曾赴重庆参加国共谈判，签订《双十协定》；《新华日报》当时也迁到了重庆。文化上同样人文荟萃，巴金、老舍、曹禺等文化名人都在抗战时待过重庆。阎肃和青年艺术工作队的同事们，正是在追捧这些文艺大家的小说、剧作的过程中，尽情吮吸着文化巨人的乳汁。当然，他那时也看好莱坞像《卡萨布兰卡》这样的经典电影，对于国外文化兼收并蓄。

阎肃后来回忆这段历史时说："我能信仰共产党，其实是一种必然。

抗日战争爆发的时候，我还是一个小学生，我的童年是在'中华民族到了最危险的时候'度过的，民族危亡感像低气压一样沉重地压在我们这一代中国人的心头上。作为一个少年，我充满感情地阅读了自鸦片战争以来的历史典籍，心中好像压着一块石头，我们这古老的国家何时才能扬眉吐气？"在这样的追寻中，泾渭分明的对比出现了。新中国成立前，重庆电台里放的是《蔷薇处处开》《何日君再来》，而共产党所领导的进步文艺则让《正月里来》《兄妹开荒》《黄河大合唱》响彻延安。这么多年过去了，阎肃依然清楚地记得，当年在一大堆靡靡之音包围中，突然听到《雄鸡、雄鸡，高呀么高声叫》，突然听到《你是灯塔》和《团结就是力量》的时候，是多么清新、振奋和激动！健康进步阳光向上的歌曲让人耳目一新，让人热血沸腾，让人精神抖擞，让人心向往之。无数青年学子就是唱着这些爱国歌曲奔向了歌声中"山那边的好地方"。所以，当解放前夕全家准备移居海外时，阎肃坚定地说："我哪儿都不去，我要留在重庆迎接解放！"这，就是进步文化的魅力，这，就是主旋律的魅力。

正是这种亲身经历让他认识到，一种文化之所以先进，恰恰是因为它有着非同寻常的坚韧和影响力。特别是在历史发展的紧要关头，它总能展现出征服人心、叩击灵魂的强大力量。

文艺同样如此。不论哪个时期总有先进的和不那么先进的，甚至是落后的和逆流而动的。可以说凡是和国脉民心、和中华民族的生存发展息息相关的，都永远是人心所向，永远是时代强音。正是对自己从事的文艺事业深层次的价值发现，所以涌动的时代浪潮下，阎肃义无反顾地投入到先进文化的洪流中。

文艺，在民族复兴的伟大征程上始终发挥着不可替代的独特作用。历史回眸，从先秦时期的百家争鸣，到"五四"新文化运动中发端于文艺领域的创新风潮，包括文艺在内的文化发展始终与中华民族的发展紧紧相连。国运的衰落在更深的层面上实源于文化的凋敝。如果在这样的语境下观察感悟阎肃个人的成长历程，就会发现他正是在中华文化历经百转千回的又一次波折后，从苦难走向复兴的征程中，举精神火炬、立时代潮头、扬文艺风帆踏浪前行的典范。

燕赵之地自古多慷慨悲歌之士，后又深受巴蜀风韵的浸润影响，虽经宗教洗礼，但中华文化的滋养、共产党所代表的先进文化的引领和前辈们对军事文化躬身实践的垂范，都文而化之于阎肃身上，形成了他兼容并包、兼收并蓄、底蕴丰厚的文化人格。

这种种的碰撞与交融，始终激励他在沿着前辈的足迹奋进了60多年后，依然继续坚定地跟着走、往前行，更解释了早已成为文艺战线领军者的他，在一甲子还多的艺术人生中笔耕不辍、佳作迭出所凸显的那难以抑制的文化自觉。

【二】一枝纤笔谁与似 至今澎湃赞军威

在进步与反动：光明与黑暗、沉沦腐朽和昂扬振奋的巨大对比与历史较量间，青年阎肃顺应时代大潮选择共产党所代表的沧桑正道，或许是一种必然。而选择许国从军，则源于他未穿军装就已经身临前线的朝鲜之行。

1952年，阎肃曾随共青团西南青年艺术工作队入朝慰问演出，第一次来到枪林弹雨的战场。一天，从一个阵地向另一个阵地演出的行军途中，转过一道山梁，突然映入眼帘漫过半面山坡的烈士墓碑。这些墓碑耸立如林、高矮不一，却都朝着祖国的方向。有的墓碑，三两行字写尽一个年轻战士的一生；有的墓碑，甚至连牺牲者的姓名都没有。清冷的雾气中，22岁的阎肃泪眼模糊，望着这些和自己年龄相仿、却已长眠于异乡的英烈，他伫立良久，思绪万千。就在那一刻，他立志从军。

翌年后朝鲜战场归来，阎肃所在的艺术工作队归建西南军区青年文工团，留一部分人在地方工作，他强烈要求入伍，终于穿上了梦寐以求的军装，并很快加入了党组织。从此，他把自己的人生追求牢牢定格在做忠诚于党的文艺战士上。两年后西南军区青年文工团撤销，他又随大部队加入了空政文工团。风风雨雨60多年的军旅岁月，无论顺境逆境、得意失意，也不管是坎坷磨难、鲜花锦绣，什么都没改变过他那颗炽热的从军报国心。

在文工团，阎肃唱歌、跳舞、演戏、说相声、打快板、干催场、管汽灯、拉大幕……名副其实的"一专三会八能"。30岁前从没有星期天的他，平时不是读书就是看演出，大剧小戏、电影、曲艺、交响乐他全看，就连一些地方小剧种的戏也一场不落。要么就是伏案看书，读万卷书，看千出戏。五谷杂粮：养人，他吃什么都香。

有了读书看戏的积累，那时作为合唱队员的阎肃，还经常在业余时间搞些相声、山东快书、活报剧、数来宝之类的创作，总会受到表扬好评。突然有一天，领导叫住他说："我们考虑再三，你去搞创作吧！"他起初

陪伴阎肃创作熬夜的老藤椅。（郭幸福 摄）

的反应是业余创作挺好，很自由。"写好了有表扬，写不成也没人打屁股"。可领导说军人以服从命令为天职，因此他遵照安排，从台前转到幕后，迈上了专业创作的漫漫长路。

1959年春节刚过，时任团长黄河、政委陆友就要求进入编导室不久的阎肃下部队深入生活，他问领导何时能够回来，结果连时限都没有。阎肃回忆，一开始拉练集合种菜训练的几个月，的确有过情绪波动，种了四个月的菜，虽说是到空军部队锻炼当兵，硬是连飞机的影子都没看到。后来，随着时间的推移和对部队了解的深入，他主动把自己根本的感情、观点、立场完全转变过来，放下文工团员的身份，跟飞行员、机械师、特设师、无线电员交上了朋友，在学习给战机充氧、充冷、充气、加油，分解轮胎、钻飞机进气道的过程中，真正和部队官兵打成了一片，真正在部队的熔炉里"烧了又化、化了又烧"，真正成为了一名实实在在的空军战士。年底空政文工团来慰问，他代表致辞，连自己都分不清到底谁是娘家人了。

保障飞行训练的一天傍晚，其他的飞机都回来了，只有自己负责的那架飞机没返航。在飞机降落的地方，他和机械师扛着舷梯，直直地看着天边的晚霞，天上的风云变幻全在他们的脑子里。当时他就悟到，自己的心在哪儿，自己的爱在哪儿。一句"我爱祖国的蓝天"突然灵感涌现，牵引着他把在部队一年多的生活体验化作文字纵情笔端。短短几行的歌词，抒发了蓝色方阵共同的情感，写出了飞行的潇洒与轻盈，写出了空军人的信念与豪迈。在空军军事战略深刻转型、使命任务不断拓展的今天，这首飘过60多年的歌依然传唱不衰，依然是空军的文化符号，依然生动地反映空军人的心声，成为空军文艺战线的"镇山之宝"。

天空的高远与博大，一定在某种程度上潜移默化地影响了这位守望了一辈子天空的人。以《我爱祖国的蓝天》这首歌为标志，阎肃开始了专业创作阶段，从一个高峰向着另一个高峰的持续攀登。年年岁岁，他无数次地上高山、下海岛、走边关，在大漠戈壁、在雪域高原，在飘扬着英雄旗帜的军营里，在激荡着英雄气概的队伍中，持续不懈地追寻着艺术的源泉，孜孜不倦地耕耘于军事文艺创作的沃野。

从发表歌词处女作《只因我的小银燕是祖国造》到《我爱祖国的蓝天》，再到《我就是天空》《云中漫步》《等待起飞》《人民空军忠于党》《梦在长天》《蓝天行》《蓝天军魂》《鹰击长空》这一系列的歌曲印证和记录了他对自己安身立命的空军融入骨血的爱和依恋。而平战一体，每天都有几十万官兵为祖国戍守苍穹的人民空军，也给了他无穷无尽、源源不竭的创作滋养。写空军、唱空军，贯穿了他创作道路的各个历史时期和完整的艺术实践，强烈地宣示出一个空军人高度自觉的身份认同。他的歌词中有牡丹江上月、鸭绿江上风，有战斗的烽火和忠诚的信仰，有历史的回顾和光荣的传承，也有面向未来辽阔空天情的抒发，这些意象和文字连同他创作的《军营男子汉》《长城长》等荡人心胸、壮人魂魄的军歌经典一道，化作了一首首军魂赞美诗和一支支砺兵冲锋号，并成为各个时代闪亮的精神坐标。

人民空军的战略转型，本质上是文化的转型。从国土防空向攻防兼备，从天空向空天的伟大进军，阎肃那兼具历史传承和文化积淀的文字，那生发于这支军队文化沃土上的艺术创作，都将重新作用于人民空军精气神的文化塑造，进而在更广阔的历史时空中，深刻地影响我们这支向着太阳的队伍筑梦强军的脚步。

【三】无声处响惊雷壮丽人生能几回

阎肃的名字，和《江姐》紧紧相连。道不尽的江姐很重要的原因之一便是其中有说不完的阎肃。

歌剧《江姐》是空政文工团在新中国文艺史上书写的一个奇迹，至今仍然是新中国文艺创作中令人难以企及的"精神高地"，这部作品的创演甚至可以说是直抵我们民族心灵深处并对国民的精神气质产生了积极影响。同时也开启了几代党的最高领导人同一个文艺工作者间不可复制的人生传奇。

新中国成立最初十年间，军队现代化、正规化建设的全面推进，使部队文艺团体得到了宝贵的调整与发展时机。经过一系列编制体制的重组与充实，下辖歌剧团、歌舞团、话剧团及军乐队的空政文工团，和其他兄弟院团一道，在相对稳定的国家环境和不乏宽松的思想空间下，经历了1949年后的第一次发展高潮，迈上了专业化建设的新台阶。有着深厚歌剧创作传统的空政文工团，在《江姐》之前，就推出了《钢筋铁骨》《王秀鸾》《打击侵略者》《董存瑞》在内的一系列歌剧。但到了1959年第二届全军文艺会演时，由于空政文工团的作品在剧目质量和社会反响方面相比部队兄弟单位有一定差距，时任空军司令员的刘亚楼专门召见文工团领导，要求空政文工团的创排作品的数量、质量要再上新台阶。

第二届全军文艺会

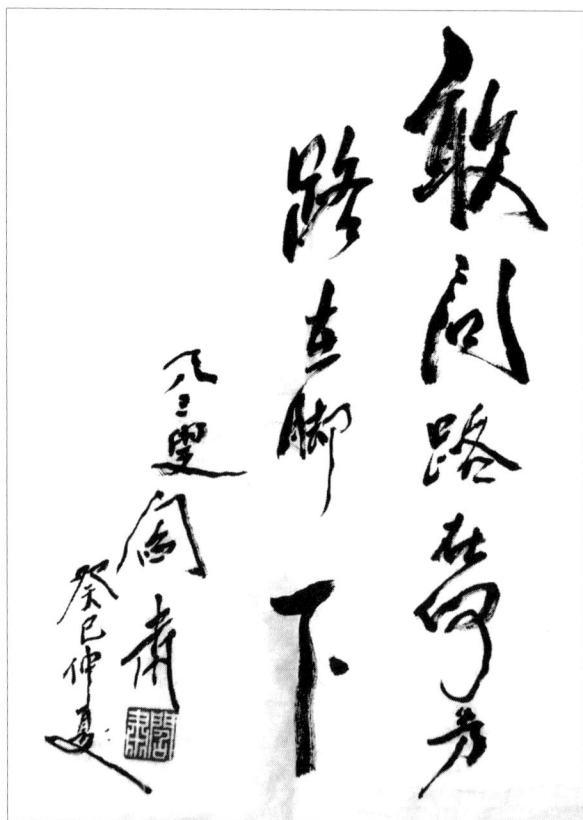

阎肃书法作品。

演后，就在歌剧团创作组酝酿《江姐》的同时，空政歌舞团排演的《革命历史歌曲表演唱》，已然打了一个漂亮的翻身仗，受到了各级首长的好评和广大观众的欢迎，并成为了大型音乐舞蹈史诗《东方红》的蓝本。歌剧团这边，虽然此前阎肃编剧，羊鸣、姜春阳作曲的小歌剧《刘四姐》也取得了不错的反响，但不论是全国全军文艺的大环境，还是空政文工团内部创演的小气候，都在客观上对歌剧团形成了不小的压力。虽然谁也没有委派任务，可承载着歌剧团创作大部头作品希望的编剧阎肃，心头始终压着一份沉甸甸的责任。因当时《红岩》小说的风行，所以他将创作的目光投向了小说中的江竹筠。在接下来《江姐》的具体创作中，则是一个否定继而超越的过程：否定之前的自己，也超越以往的作品。

纵观中国人民解放军音乐的历史，歌剧艺术是在井冈山斗争时期的"红色戏剧"、延安整风运动之后的秧歌剧、新歌剧《白毛女》以及解放区歌舞剧的基础上发展起来的，在20世纪中国专业音乐创作的艺术氛围中逐渐走向成熟，在不断表现党和军队光辉战斗历程的过程中形成了自己的独特风格。如果从中国歌剧发展脉络的宏阔视野下，审视《江姐》这部具有里程碑意义的作品，会发现对艰苦岁月的追忆和革命历程的回顾，都天然地具有一种非常厚重的历史感。这得益于阎肃山城近二十年的生活经历，使他对四川的乡土风情、反动统治下的大众疾苦和地下党员的英勇斗争十分熟悉。所以他可以兼具历史剧作者和历史剧中人这难得的双重角色，在人民的历史创造中进行艺术家个人的创造。当这种得天独厚的艺术视角投射到革命先辈淬火砺金的奋斗历程中，便能透过1949年前后那翻天覆地的历史节点，深刻地反映革命斗争的精神与本质。

60年代初，空政文工团逐渐形成了一股良好的风气，全团上下一门心思地搞艺术创作。正是在这种氛围下，阎肃带着《红岩》小说，在结婚后第一次探亲休假连去带回20天的时间里，写了18天的剧本。可谓是："望水想川江，梦里登红岩"。没有惊天动地的改编过程，有的只是那份认真踏实的热诚态度。初稿写好回到北京后，他广泛听取吸收各方面意见，再综合大家的看法认真修改。后来空军又组织过多次剧本讨论，但大架子始终没动。

1962年10月剧本通过后，羊鸣、姜春阳、金砂三位进入了音乐创作。作曲们从秋写到了冬，又从春谱到了夏。谱曲的一年间，他们到四川学习地方戏曲，搜集音乐素材，参观渣滓洞、白公馆等旧址，了解江姐等革命烈士生前的斗争事迹。不分白天黑夜连轴转的他们，风雨兼程、披星戴月，全身心地扑在音乐创作中。

凝聚着作曲们心力的初稿完成后，文工团召开了第一稿的作品审查会，阎肃念剧本，羊鸣、姜春阳。金砂三个人唱。当时参加审查的同志普遍反映《江姐》在文学上站住了，有人物、有情节、有层次、有高潮。有的人还随着剧本朗读感动得落泪。而对于谱曲，大家却并

不是很满意。会议结束时政委陆友做了结论："剧本还要修改，这一稿音乐全部作废。一个音符也不要，重新生活，重新另写。"

总团的主要领导之所以在审查会结束后作出音乐重写的决定，一个最重要的原因就是他们都是音乐上的内行，有着深厚的专业背景和统领全局的业务素质。政委陆友当年在上海便与解放后的音协主席吕骥、音乐家冼星海、麦新、孟波、王莘等人交往甚深，后来在延安未经考试便成为鲁艺音乐系的第二期学员。而团长黄河则是歌剧《董存瑞》的作曲之一，副团长牛畅是歌剧《王贵与李香香》的作曲之一，副团长刘敬贤是歌剧《王秀鸾》的作品之一，可以说每个人都是独当一面的音乐家，每个人的作品都在中国人民解放军音乐史上，甚至在中国近现代音乐史上，留下了浓淡不一的笔墨。所以重新谱写《江姐》音乐的决定，是在"内行领导内行"的情况下作出的。尽管作曲们思想压力很大，但他们并没有灰心，而是觉得有能力、有信心围绕"新"字创作。就这样，几位主创又一次振作精神，重整行装到全国采风去了。

怀揣着剧本的阎肃和作曲们，多次采访小说《红岩》的作者罗广斌、杨益言和江竹筠烈士的亲属，并访遍了健在的川中地下党，再次加深了对于剧中人物的理解。在音乐方面，羊鸣等人先后学习了京剧、河北梆子、川剧、越剧、沪剧、婺剧、评剧等剧种和四川清音、四川扬琴、金钱板、杭州滩簧、金华滩簧等民间说唱音乐。他们不只是单一地学几段唱腔，找几段素材，而是在积淀着悠久中华文化的地方戏曲中，学习与民间音乐有关联的所有知识。这一系列收集素材、找寻灵感的采风过程，为第二稿的音乐创作打下了极其扎实的根基。

回到北京后，几个人全力以赴地投入到《江姐》的修改创作中。

他们根据剧情和唱词，反复吟唱、仔细推敲，每一个音符、每一首曲子都凝聚了创作者们巨大的心血。生活是艺术的源泉，当几位作曲将这种化民族音乐于人物刻画之中、不拘一格又极具民族风格的创新实践再次进行汇报时，得到了文工团上下的一致认可。

在首稿音乐一个音符也不要的情况下二次作曲，无异于从倒塌的废墟中重新规划另立新楼，然而也正是这样的曲折才夯实了《江姐》最初的根基，几位年轻的创作者带着如西西弗斯和堂吉诃德一般的韧劲，站到了把《江姐》锻造成经典的更高台阶上。

1963年9月，试唱、排练伊始，刘亚楼司令员就提出了8个字："精雕细刻，打造精品"。毕业于苏联伏龙芝军事学院的刘亚楼，深受文工团员们的尊敬，不仅仅由于他是空军司令员，更由于他深谙文艺创作的规律。他说"不要把艺术神秘化，政治工作者应该懂得艺术，文艺工作者也应该懂得政治"。所以对于歌剧《江姐》的修改提议，大到主题结构，小到具体的唱词唱腔，他都经常能够说到点子上。刘亚楼最为关注的就是主题歌的创作与打磨。在他的亲自督导下，一曲八易其稿、修改达二十多次的《红梅赞》，成为贯穿全剧极富特色的主旋律和广为传唱的主题歌。从剧目创排直到后来走遍全国，刘亚楼关于《江姐》的批示多达52次，在病重期间仍然关心着《江姐》的演出，甚至在逝世后的病榻前依旧放着《江姐》剧本。多少年后，在谈及《江姐》的艺术创作时，阎肃深情地说："我始终是怀着深深的敬意感激、怀念我们的这位司令员的。他是那样热情、那样炽烈地爱护、扶持歌剧《江姐》，那样鲜明、强烈、无微不至地关怀和支持文艺工作。"

功夫不负有心人，接下来的场景众所周知，历经百余场内部试演的《江姐》一经公演，旋即轰动，一年内连演257场，成为至今依然无法重现的文化景观。后来的半个多世纪间，又五次复排演出千余场，到现在依然活态传承在舞台上，教育影响着一代代人。当年因为周总理的推荐，毛主席在建国后观看的唯一一部歌剧，就是阎肃编剧的《江姐》。后来由于深为剧情感动，随后的一天晚上，毛主席还专门在中南海接见了他。

来到领袖身边，阎肃激动不已，恭恭敬敬地给主席鞠了个躬。毛主席微笑着与34岁的阎肃亲切握手交流，并赠给他一套亲笔签名的精装《毛泽东选集》，勉励他写出更多的戏来，为社会主义文艺事业做出更大的贡献。阎肃坚定地说：我一定好好努力！

从此，这脱口而出的七个字，成了他践行一辈子的诺言；

从此，生命中最光荣的瞬间，化作了他一生前进的号角。

后来的岁月里，阎肃相继创作了一系列的红色经典。邓小平同志先后观看了他创作的京剧《红色娘子军》和歌剧《江姐》，均给予好评。1992年，在乱云飞渡的国际局势下，他又以极高的政治热情再一次在另一个18天创作了歌剧《党的女儿》，谱写了一阕狂风恶浪中坚守理想信念的颂歌。江泽民同志观看后表示："这台戏给我们上了一次生动的党课，我们的党、我们的人民军队只要始终密切联系群众，就不可战胜。"2009年元宵节，胡锦涛同志接见首都文艺界代表时，与阎肃亲切交谈，详细询问工作生活情况，给予热情鼓励。2014年10月，习总书记亲自主持召开的文艺座谈会上，阎肃代表军队文艺工作者发言，提出军事文艺的"铁马秋风、战地黄花、楼船夜雪、边关冷月"，被习总书记称赞为强军的"风花雪月"。

【四】剪裁妙处非刀尺青丝白发铸丰碑

呼啸着风花雪月，面对着大野芳菲，鬓染秋霜的阎肃不停地行进着，从一名普通的部队文艺工作者逐渐成长为德艺双馨的人民艺术家。众所公认，他拥有过人的天赋和才智，但更重要的是他珍惜自己的艺术才华，从不浪费挥霍，而是用汗水不倦地浇灌，并把这才华献给了他真心实意热爱的国家、军队和人民。

阎肃的创作是时代的记录。凡国家和军队的重要历史进程及重大事件，尽揽在他广阔的创作视野中。艺术的孕育过程多是艰难而又痛苦的，在起步阶段就达到艺术创作峰值的阎肃或许更是如此。可厚积薄发的他在迈上专业创作道路后，非但没有遭遇惯常的衰减，反而在共和国的各个历

阎肃住院后未来得及看的报纸。（郭幸福 摄）

史时期，都一如既往地保持创作活力，把骨血里奔涌流淌的国家意识、民族意识化作家国叙述的文艺表达，这些蔚为大观的杰作足以构成新中国音乐史册中最华彩的乐章，进而在展现记录时代风貌的过程中影响建构着时代精神。改革开放初期以来，由于文化领域的逐渐活跃，他的艺术创作也开始更多地拓展出军营，并向社会大众奉献了《敢问路在何方》《雾里看花》《唱脸谱》《故乡是北京》《前门情思大碗茶》等许多意蕴隽永、主题多样、承载一代国人集体记忆的音乐作品，并伴着当时最有效的电视传媒手段辐射到万户千家。特别是新世纪后，他凭借扎实丰富的经验阅历、高屋建瓴的把握能力、洞若观火的真知灼见和遒劲深厚的语言文字功力，成为国家和军队几乎所有重大晚会核心创意的灵魂人物及关键时刻攻得上去打得下来、完成重大任务的杀手锏，在充满政治激情和艺术才华的创作领域倾尽心力，并被公认为文艺界的常青树。

阎肃的创作是人民的心曲。我为人民鼓与呼，做国家、民族和人民需要的文艺作品始终是他崇高的价值追求。他把情感和思想的根系深扎大地和人民中，使自己的天赋不断获得最丰富的滋养。在《大地情深》的歌词中他写道，"我是一棵树，根儿扎大地，大地就是人民把我哺育，大地就是人民魂梦相依。"这绝不仅仅是音乐文学作品，更是他真切的心声。因为心里装着人民，所以直到生病入院前，他还依然活跃于百姓文化生活的各领域，策划重大文艺活动、给观众瞩目的大型赛事当评审、不时地上电视做节目，光热灼灼地释放着自己的能量。他为奥运会、为大型音乐舞蹈史诗《复兴之路》、为春晚而创作，也为祖国、为蓝天、为先烈，为一种信念、为一座城市、为一个人、为一棵树、一朵花、一根草而创作。这些作品，发出了人民对于真善美的向往和心声，并潜移默化地影响了受众的艺术观和人生观。而心里始终装着人民的艺术家，也自然经常被人民所惦记，虽然一辈子就是位普通的创作员，但"德艺双馨人民艺术家"的头衔却由人民和历史真诚地为他叠加。

阎肃的创作有精深的底蕴，是源远流长的中华文脉涵养出来。这底蕴不仅仅体现在植根博大精深中国文化的作品中，更有作品之下的大道和大德。文以载道，一直是中国传统文化之正宗。大道方能正文，厚德才能载物，文章大美出乎醇德，诗三百篇一言以蔽思无邪。而始终拥有一颗童心的他，其实一直传承发扬着中华民族深远独特的人文传统和中国文化人的优秀基因，比如纵贯古今的学识、令人仰止的德行、以家国为己任的担当、勤奋刻苦的进取精神，以及领风气之先的创新实践等等。艺术创作，究其实质是在人的灵魂空间开展的工作。那么作品的质地就绝不仅仅取决于技艺层面，更有对创作者品行修为的更高要求。因为只有伟大的艺术家才能孕育出伟大的艺术作品。喧嚣的世风中，年过八旬的阎老和他那众多令人钦服的作品，都愈加散发出陈酿的芬芳和人格的魅力。他是我们这个时代道德文章的楷模。

谈到文艺创作本身，他说真正的主旋律是真善美的结合，它需要有血有肉有真情地去感悟，不能用标语口号化的宣传来代替文艺工作者所从事的艺术创作。所以在他大开大合的视野下创作的重大题材和作品中，都能体现出他对自己所歌颂的客体的真诚热爱，而且越是大题材，他越能娓娓道来，进行平实地对话与诉说。他说每一次大活动都有很多献礼作品，但不是每一份礼物都会被历史老人所收下，真正能收下的必然是精品。对文化而言，往往需要用50年甚至更长的时间来沉淀、衡量，这就更要求文艺工作者潜心于艺术创作本身，锻造力作精品。这些经过检验的创作体会所蕴含的深刻哲理，在今天依然具有强烈的现实意义。

勤勉耕耘文艺百花园一个甲子，登高望远、融通古今、硕果累累的阎肃，虽早已是名副其实的文艺巨擘、艺坛泰斗，但他却始终谦逊如一、本色永葆。他说一首歌、一台戏，唱响它、演好它，不是哪一个人功劳，而是"红花绿叶相映美"的结果。他感谢伟大的时代，感谢党组织的培养，感谢空军辽阔无垠的艺术沃土，感谢真心真意、尽心尽力关心支持他的领导、同事、战友和观众，并把在文艺事业上做出的每一点成绩，都归功于空政文工团的集体智慧。

笑甜甜泪甜甜，一年又一年。蓦然回首，这位经战火磨砺、在部队摔打成长的小伙子，已经被时光雕刻成80多岁的老者。回顾他一路走来的跋涉足迹，从风华正茂的青年到年富力强的中年、到壮心不已的老年、再到老骥伏枥的暮年，我们深感人生的短暂和岁月的无情，同时更加深切地意识到：一个人必须像阎肃那样，只争朝夕给社会、他人、军队、国家创造价值，这才是最好的善待生命的方式。让我们由衷感佩的是，60年如一日的不懈奋斗，使得他灿若星汉的力作精品，依然回荡在军营，唱响在庙堂，更长存于人民大众的心上。而他自己，也在为时代放歌的不竭创造中，走向了时代的高地，和他那具有超越时间的永恒价值和旺盛生命力的作品一道，被镌刻在历史的丰碑上。

（2015年11月7日）

信仰长歌

◎ 刘　璇　李建文　张　力

一颗赤子丹心，一腔热血激情，一身谦恭正气，一支擎天巨笔，一段艺坛传奇……

漫漫人生长路，求索艺术生涯，无论顺境逆境、得意失意，他始终坚守信念不动摇、高歌时代不停歇、修身育德不满足。

这条路认准了，一走就是65个春秋，风风雨雨不回头；这条路走正了，才得功成名就、佳作满仓、赞誉无双。

就在不久前，阎肃，这位人民的艺术家，这位艺坛的领军人，这位为党的事业贡献出毕生心血的时代歌者，因过度劳累倒下了。如今，他沉睡在医院病床上，已经58天。

阎肃睡着了，他的精神却醒着。

——题记

9月4日凌晨，睡眼惺忪的阎宇摸起电话。还没放到耳边，听筒里就传来老爸阎肃浑厚的声音："《胜利与和平》成功了！老爸这次任务完成了！"

几小时前，当纪念中国人民抗日战争暨世界反法西斯战争胜利70周年文艺晚会《胜利与和平》的最后一个乐音戛然而止，欢呼和掌声瞬间淹没

阎肃与空军战士们在一起。（《央广军事》提供）

了整个人民大会堂。一直等候在后台的晚会顾问、核心创作组成员阎肃腾地一下从椅子上站起来，抚掌叫好。近半年的呕心沥血，化作此刻辉煌，阎肃忘情地与大家握手拥抱，共庆成功。回家路上，心绪难平的他又拨通了儿子的电话。

"搞过上百台重大文艺演出了，咋还这么激动？"在阎宇看来，父亲有点可笑的孩子气。可他心里也暗自佩服，因为"老头儿这是真爱"。

这份真爱，源自理想、源自忠诚、源自信仰。

一针一线绣红旗

"在党的哺育下，我的人生和艺术才有奇迹。"

一本《共产党宣言》，把阎肃拉进党的怀抱。

那时，阎肃还是一个饱尝战乱之苦、寄读教会学校的茫然少年。读完那本小册子，他的心头阴霾被阳光驱散，立即报名参加了西南团工委青年艺术工作队。

1953年，阎肃如愿以偿加入了中国共产党，从此铁心跟党走，从毛头小伙直至耄耋老人，挺立风云不曾回头，披肝沥胆屡创艺术奇迹。

歌剧《江姐》，当属翘楚。难有一部作品，能撼动它"新中国历史上影响最广、拥趸最多、传唱最久之民族歌剧"的独有地位。其中的《红梅赞》《绣红旗》《春蚕到死丝不断》《五洲人民齐欢笑》，不仅成为上世纪60年代的"流行歌"，时至今日仍是许多人张口就来的曲目。

鲜为人知的是，这不是组织下达的创作任务，而是阎肃对国家前途、党的命运深深思索后的主动作为。

1962年，3年困难时期让许多人心生困惑：新中国该往哪里去？共产党、社会主义到底好不好？阎肃受小说《红岩》启发，决定创作一部正能量的戏，为党而歌，为人民而歌。

那个春天，阎肃在一间不足9平方米的小屋里"闭关"。脑子里，翻滚着自己当年在重庆加入党的外围组织，和老师学长一起罢课、游行、闹学潮的往事；笔尖下，共产党人为了理想信念，面对屠刀不后退、面对酷刑不折腰的故事娓娓道来。短短18天，《江姐》剧本一气呵成。

经过两年多的打磨、排演，1964年，《江姐》一上舞台就火了。一时间，几乎全国的剧团都在排《江姐》，仅在上海就有6个剧团在同一时段同城演出。电台里教唱的是《江姐》，小孩儿背心上印的是红梅，理发店剪的是"江姐发式"，就连剧中江姐的蓝旗袍、红毛衣、白围巾，也成为姑娘们眼中最时尚的装扮。

时隔半个世纪，时尚再次轮回，传奇还在延续。

自2007年作为国家大剧院首演节目至今，第五次复排重演的歌剧《江姐》已在全国各地演出100余场。这个冬日，天府之国暖流涌动，第五代

2014年9月9日，歌剧《江姐》演出成功。（郭幸福 摄）

"江姐"们开始新一轮巡演。以江姐为代表的老一辈共产党员形象，不仅没有被人们所遗忘，反而成为紧迫的现实呼唤。

著名军旅作家王树增曾这样谈及心中的阎老："半个世纪之前，阎老擎出一面红旗，此后，他用毕生的心血来绣，一针一线，一生一世。"

65年来，在阎肃无数的荣誉中，他最为珍视的就是"优秀共产党员"。

把对党、对国家、对人民的深情厚谊著成光彩夺目的锦绣华章，把中华民族最珍贵的精神宝藏化作永不过时的经典，这就是"优秀共产党员"阎肃绣出的最鲜艳的红旗。

一生一曲咏忠诚

"对党，我要感恩一生一世，更要回报一生一世。"

"阎肃太累了！"说到病重的老搭档，歌剧《江姐》的曲作者之一姜春阳老泪朦胧。

就在两个多月前的一次通话中，姜春阳还劝说阎肃："老伙计，你悠着点！"

阎肃回答："我还得干！"

85岁高龄了，还在工作。有人翘大拇指表达敬意，也有人暗地议论指摘。对此，阎肃从来是一笑了之。只有他明白，一切只为一句郑重的承诺。

1964年11月的一天晚上，被《江姐》深深感动的毛泽东，在中南海接见了阎肃。一番鼓励后，毛主席送给阎肃一套《毛泽东选集》。阎肃则坚定表态："我一定好好努力！"

这7个字，看似脱口而出，实则源自心底。

半个世纪以来，每当翻开这套《毛泽东选集》，阎肃就会在内心感慨："如果没有党的思想引领，一个从旧社会历经坎坷走过来的人，就会迷失在人生的十字路口，我这一生的命运就会重新改写；如果没有党的培养，我一个才疏学浅的青年学生，就不可能成长为党的光荣的文艺战士；如果没有党的关怀，一个老文艺工作者'浑身都是铁，能打几颗钉'，我就更不可能获得这么高的待遇、这么多的荣誉。"

怎么努力？阎肃用行动作答——多干，敢干，实干！

在阎肃笔下，《红灯照》《忆娘》《胶东三菊》《飞姑娘》《红色娘子军》等一部又一部红色剧作喷薄而出，一个又一个像江姐那样的红色英魂走进人民心间。

上世纪80年代末、90年代初，东欧剧变，苏联解体，国际风云变幻。1991年，为纪念中国共产党成立70周年，阎肃执笔创作歌剧《党的女儿》。有人劝说，这个时候来写这样的剧本可要慎重。阎肃说："我们的党为什么能面对风云不变色？就是因为我们有坚定正确的理想信念。这戏我写定了！"

又是一个18天，阎肃3天1场戏，再创新时期中国原创歌剧的奇迹！

"对党，我要感恩一生一世，更要回报一生一世。"阎肃如是说。

　　滴水之恩，涌泉相报。1984年以来，《祖国颂》《回归颂》《长征颂》《为了正义与和平》《八一军旗红》《我们万众一心》《我们的旗帜》《人民军队忠于党》等100多场党和国家、军队重大文艺活动，他都是顾问主创；先后参与策划了21届央视"春晚"、24届双拥晚会和7届全军文艺会演，深受观众喜爱。

　　新中国成立60周年之际，大型音乐舞蹈史诗《复兴之路》成为当时中国文艺舞台上的一大胜景。79岁高龄的阎肃领衔文学部主任，"一路发烧般地"倾情创作，却始终热度不减，精度不减。一首名为《我的家园》的小诗，作为这台大制作的"起始音"，贵在赤子之心，情真意切："山弯弯，水弯弯，田垄望无边；笑甜甜，泪甜甜，一年又一年；燕子飞，蜜蜂唱，坡前柳如烟；风暖暖，梦暖暖，这是我家园；最难忘，最难忘，妈妈

阎肃在酒泉卫星发射中心体验生活。（郭幸福 摄）

脸上又见皱纹添。哦，这是我的家园。"

党的文艺事业，是阎肃躬耕一生的"美丽家园"。

今年7月，印青接到紧急任务，为电影《百团大战》创作音乐。诸曲具备，还欠一首提气点题的片尾曲，印青脑海中的作者只有一个名字——阎肃。但印青很是犹豫。他知道，纪念抗战胜利的晚会排演迫在眉睫，一场场创作研讨会通宵达旦，85岁的老人已经很疲累了。硬着头皮打个电话过去，那头的阎肃却没有半点迟疑："这是大事，这得干！"

烈士暮年，壮心不已，只争朝夕。一忙起来，阎肃就忘了自己的年龄。仅仅3天后，印青的手机收到短信，一首《丹心拥朝晖》成就电影《百团大战》的剧魂，也倾吐词人衷肠心曲——

抒肝胆，聚风雷，问人生能几回？写青史，铸丰碑，至今澎湃赞军威！

一词一句为军吟

"创作军歌，我是被时代推着、责任推着，也是感情在推着。"

"哪有那许多相思眼泪，哪有那许多离别柔肠，当我们勇敢地踏上战场，胸膛里喷涌的是雷，是火，是钢！哪有那许多哀怨惆怅，哪有那许多痛苦忧伤，当我们呐喊着冲上阵地，眼睛里飞舞的是旗，是血，是枪！"

雷、火、钢，旗、血、枪。若非对军旅有切身体味，若非对军人有深层理解，胸臆中绝不会生发出如此磅礴大气的英雄气象。

阎肃在抗美援朝的战场上找到了人民军队之魂——

1952年，阎肃随西南团工委青年艺术工作队到朝鲜慰问参战部队。翻过一座大山时，他被眼前的景象惊呆了：山冈上，志愿军战士的墓碑一座挨着一座，一片连着一片，所有的墓碑都朝着祖国的方向。

阎肃在风雪边关里找到了热血军人之魂——

1964年，为了创作歌剧《雪域风云》，阎肃一路跋涉在青藏高原采风。在唐古拉山口，面对颧骨上顶着"高原红"、眼睛患了雪盲、在这人迹罕至的地方一待就是几年的兵站士兵，已感觉"死去活来"的他肃然起敬。

阎肃在祖国蓝天上找到了铿锵军歌之魂——

1958年，阎肃在广东航空兵某部下连当兵。1年多后，当他成为一名合格的机务战士时，也终于从出神地望向天空、期待战机安全返航的机械师眼中获得了灵感，写出了军歌《我爱祖国的蓝天》。

2006年2月19日，阎肃在院士晚会上朗诵诗歌。（郭幸福 摄）

……

融进了连队，读懂了英雄，爱上了蓝天。一辈子穿军装，就成了阎肃不悔的志向；一辈子为兵服务，就成了阎肃笃行的天职。

"创作军歌，我是被时代推着、责任推着，也是感情在推着。"在他的等身著作中，1000多首歌曲三分之二以上是军旅题材；空军的所有部队，都留下了他爽朗的笑和惦念的心。

央视《军营大拜年》节目制片人卫晨霞见证："阎老一到军营就激情燃烧，一见士兵就变老顽童。"他写的"师歌""团歌""连歌"不计其

数，甚至一个山沟仓库请他写首"库歌"，他也不推辞。他喜欢和官兵聊天，家长里短、时尚话题，他聊得妙趣横生、眉飞色舞，战士们听得津津有味、捧腹大笑。每当这时，阎肃两眼一眯，得意地炫耀："瞧，他们是真喜欢我！"

年逾八旬，老腿下蹲很是不便，同志们都劝："阎老就甭下部队了。"阎肃说："带个坐便器，我照样能走！"近些年，重大文艺创作让阎肃分身乏术，但写军歌、赞英雄，他从不停笔。

2012年，空政文工团创排试飞员题材的歌剧《守望长空》，阎肃积极参与策划，还亲自创作了主题曲《蓝天行》；2013年，总政治部举办"强军战歌演唱会"，阎肃和印青的联袂合作《当兵前的那个晚上》，成为召唤青年人从军报国的当代青春励志歌；2014年至今，空军政治部组织所有专业力量投入"空天之歌"的创作，阎肃一个人就写了五六首。就在突发大面积脑梗、转入重症监护室的前一天，阎肃还在为文工团的年轻创作员修改作品，还记挂着歌剧《守望长空》的首演。

——"守不好自己的战位，还当个什么兵！"

——"争取活到100岁，我再写红歌15年！"

——"只要我还有一口气在，就要拼命回报部队、回报官兵！"

言犹在耳，声声动人心；信仰长歌，歌声永不落！

（2015年11月25日《解放军报》）

与时代同行的"老顽童"

◎ 王　达

虽然名叫阎肃，但这位85岁的老爷子一点儿也不严肃。

相反，笑是他的招牌表情。每次见到院里的电工、水工、清洁工，他都笑呵呵地打招呼。工作上遇到难题，他也哈哈一笑，稳定军心，一派大将风度。

自编写歌剧《江姐》成名以来，阎肃一直以乐观豁达的形象示人。近年来，他多次担任青歌赛、星光大道等综艺大赛评委和春晚等大型文艺晚会的艺术顾问，把欢乐带给千家万户。

然而，人们暂时听不到他爽朗的笑声了。今年9月底，在结束"9·3"晚会顾问策划工作后不久，阎肃因劳累过度突发脑梗，至今已昏迷50余天。

"神奇的老顽童"

阎肃住院后，朋友们陆续前去探望。在他们或长或短的讲述中，记者逐渐拼凑起这位著名剧作家的形象。

"阎肃是个很简朴的人。在我的印象中，他永远穿双布鞋、拿个很普通的水杯、开会拎个普通的文件袋，甚至是纸袋。"总政宣传部艺术局原

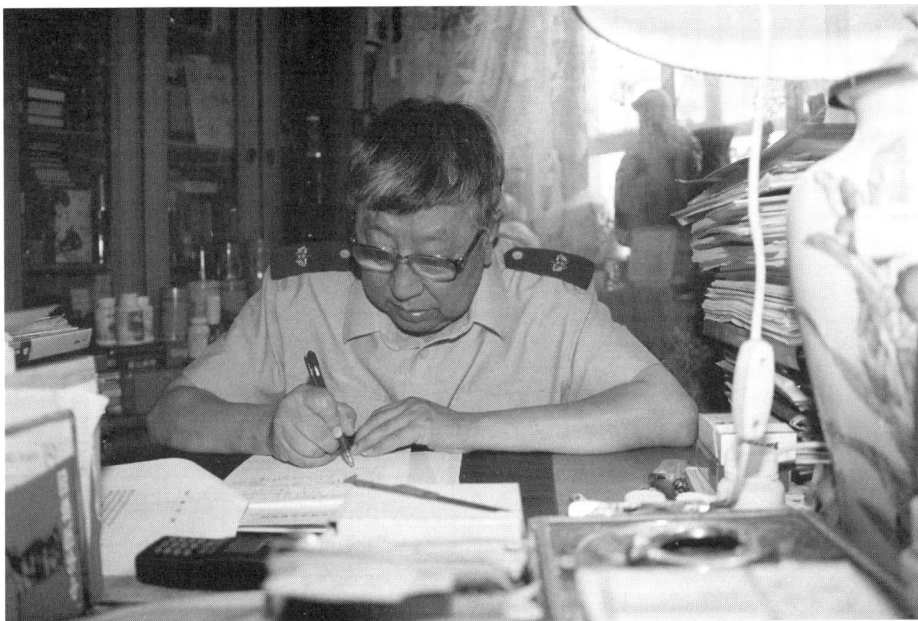

阎肃在家中进行创作。（郭幸福 摄）

局长秦威回忆说。

在阎肃家里，卧室一角摆上张老式书桌，算是他的工作室。一张坐了20多年的老藤椅，左边扶手和靠背上分别磨出一个大洞。创作遇到瓶颈时，阎肃从藤椅上起身，在卧室和客厅里来回踱步，或者在床上躺一会儿，好点子就来了。

"他纪律性很强，开会从来都是提前半小时到。"同事孟庆云笑着说。

尽管已经85岁了，但阎肃仍然对新鲜事物保持好奇心。文化部原副部长陈晓光记得，"他遇到感兴趣的话题就睁大眼睛，紧闭嘴唇，探出脑袋去听。"

他每天读报、看电视，对流行的东西来者不拒。一次，同事舒楠为某电视剧的主题歌谱曲，没有思路时请教他，他看后认真地说："你为什么不把它写成周杰伦式的说唱音乐？"于是，舒楠在音乐中加入16个小节的

Rap，并大获成功，从此认为阎老是"神奇的老顽童"。

此外，他自称是李宇春的粉丝——"老玉米"，在"神曲"《江南style》和《小苹果》火起来之前就推荐同事关注，在创作疲惫时会玩一玩电脑上自带的小游戏。

"如果总感觉老了，这也看不惯，那也看不惯，你就要落在时代后面。"阎肃曾在多个场合表示，自己也是个"80后"——80岁之后。

2014年10月15日，这位"80后"参加文艺工作座谈会时脱稿提出："我们也有风花雪月，但那风是'铁马秋风'，花是'战地黄花'，雪是'楼船夜雪'，月是'边关冷月'。"

"嘿！老爷子等于给所有人抖了个大包袱！"他的一位朋友评价。

事实上，这4个字包含着这位军队文艺战线老兵沉甸甸的思考。从艺65年来，他"始终唱响主旋律"，但他的作品里几乎没有"硬邦邦"的东西。"他始终依靠真诚去征服观众，"中国歌剧舞剧院著名作曲家温中甲评价，"他在创作时不是简单地把对祖国的爱，对人民的爱直接放在作品里，或是做标语口号式的处理，而是用一种深沉情感和人文情怀，追求艺术的质朴和完美。"

孟庆云记得，1992年他和阎肃合作创作歌曲《长城长》时，一致认为要把这首歌"写得人性化一点儿"。"比如采用一问一答的形式，像拉家常一样。"孟庆云建议。

阎肃立刻心领神会，第二天就把词写了出来："都说长城两边是故乡，你知道长城有多长？它一头挑起大漠边关的冷月，它一头连着华夏儿女的心房……"20余年过去了，这首歌依然作为经典在祖国大地传唱。

"老姜，你看他的脚动了！"

87岁的姜春阳10月初才知道阎肃住院的消息。他是歌剧《江姐》的3位作曲者之一，也是阎肃的老战友。两人一个作词，一个谱曲，从1956年就在一起合作。

9月底，两个老战友曾通过电话，阎肃还在电话里唱了一首两人合作过的军歌，"从头唱到尾，兴高采烈，慷慨激昂"。

但没过多久，就传来阎肃住院的消息。"不会吧？"姜春阳非常吃惊，因为在他的印象里，阎肃精力充沛，"他怎么会住院呢？"

姜春阳腿脚不方便，走路都要人扶，但他还是执意要去看望老战友。到了医院，他发现阎肃已经被转移到重症监护室，"心里咯噔一下"。

"隔着窗户，我一看阎肃躺在那里，戴着氧气罩，眼睛也不睁。"他回忆说。

"阎肃，你要挺住！"他对着病床上的战友大声喊，"你还记得我们当年为写一部歌剧到西藏，去唐古拉，翻五道梁，你是怎么坚持过来的？""你忘了你写的《军营男子汉》吗？你要像个男子汉！"

没想到说到这里，阎肃的爱人李文辉忽然惊喜地喊："老姜，你看他的脚动了！"

在重症监护室待了十几天后，阎肃由深度昏迷转为中度昏迷。姜春阳非常激动，他认为自己用往事"激活"战友的策略奏效了："我为什么提这些？因为我了解他，一提创作那种兴奋、热情，能让他清醒过来。"

住院前，阎肃告诉姜春阳，之前他们合作过的一首军歌反响不是很大，他想重新录制推出，姜春阳一口答应下来。没想到歌录完了，阎肃却陷入昏迷。几天后，姜春阳把录好的歌存进女儿的手机，到医院二话不说就开始播放。播完了，87岁的老头提高嗓门问："阎肃，你听见了没有？！"

他的作品是时代的强音

那首昔日旧曲也把姜春阳拉回当年的记忆。他大声讲出和阎肃合作的故事，眼睛里闪着兴奋的光。据他回忆，阎肃创作《江姐》只用了18天。

那是1962年，刚结婚1年的阎肃正要休第一次探亲假，他带着小说

2015年5月9日，文工团团员们在阎肃家为他祝贺生日。（郭幸福 摄）

《红岩》登上了去妻子老家的火车。"18天假期，老阎一直把自己关在家里搞创作。"爱人李文辉说。假期还没休完，阎肃就回到北京找姜春阳："老姜，我等不了了！我写出来了！"

"看看，阎肃是多么敬业、多么勤奋！"姜春阳布满皱纹的脸上满是佩服。后来，《江姐》红遍大江南北，被传唱了几十年，李文辉也自豪地说："当年在上海演出，一共演5场，有的人连续5次排队买票，有的人连歌词、台词都背下来了。"

即便是昏迷前，85岁的阎肃仍保持着勤奋的工作状态。他是一个多产的剧作家，同时担任春晚、双拥晚会等大型文艺活动的艺术顾问，以及星光大道、青歌赛、红歌会等综艺大赛的评委。同事姚明曾编了两句打油诗打趣他："文工团里当元老，央视晚会常撰稿。"

当然，社会上也有一些不同的声音。"有人说阎肃都这么大年纪了还老在电视上抛头露面，那为什么人家不邀请你，不邀请我呢？"姜春阳为老战友辩护说。他认为阎肃博闻强识，创意也多，最关键的是"他知道这个时代需要什么"。

事实上，"知道时代需要什么"一直贯穿于阎肃的创作生涯。"改革开放之初，社会上感觉穿军装掉价了，他用《军营男子汉》的响亮歌声告诉人们，天下最优秀的男人是军人；长期在和平环境下，人们的国防意识有所淡化，他用一首《长城长》唤醒了多少赤子情怀……"姜春阳说。

"他的歌有一种境界和力量。"因演唱《敢问路在何方》而家喻户晓的蒋大为说。他认为，阎肃写《敢问路在何方》不仅是写《西游记》里的师徒4人，也是在写整个时代。"在改革的大潮中，一个企业、民族乃至国家的路在何方？路在脚下！它唱的是中华民族的精神，鼓舞着全中国人民。"

他听朋友讲，在经济困难的时候，海南的领导对企业家们说："你们要学会三首歌：第一首是《国际歌》，第二首是《国歌》，第三首就是《敢问路在何方》。"

还有那首《雾里看花》。1993年，阎肃受邀为央视"3·15"晚会写一首"打假"歌曲。"总不能写化肥是假的，农药是假的，皮鞋是真的吧？"他开玩笑说。一天晚上，孩子在家里看电视剧，他忽然看到川剧《金山寺》里韦陀菩萨"开天目"的片段，顿时来了灵感。"既然分不清真假，那就'借我一双慧眼吧'"，于是《雾里看花》一气呵成。

"有人从中看到'打假'，有人从中看到爱情，也有人从中看到那个时代社会中的迷茫情绪。"据姚明分析，正是这种包容性让阎肃的歌曲摆脱"易碎品"，拥有穿越时间的力量。

"从毛泽东时代一直到今天，他的作品都是时代的强音。"中国歌剧舞剧院著名作曲家温中甲评价。

（2015年11月25日《中国青年报》）

愿意为兵服务一辈子

◎ 刘小兵　郭　超

　　"我爱祖国的蓝天，晴空万里，阳光灿烂……" 9月3日，空军受阅梯队和方队精彩震撼的表现，给人们留下难忘的印象。而这首由阎肃创作的、传唱了50多年的《我爱祖国的蓝天》则是受阅飞行员们训练时的"鼓劲"歌，他们说，这首歌带给他们很大的精神力量，大家都是唱着这首歌走进空军飞行员队伍的。

　　《当你飞行的时候》《谁在长空吹玉笛》《军营春秋》《人民空军忠于党》……阎肃创作的1000多部（首）作品中，有三分之二姓"军"。这些热情豪迈、意气风发的歌曲，激励鼓舞了几代人。多少人唱着《长城长》参军报国，唱着《连队里过大年》寒来暑往，唱着《打赢歌》流血流汗……一批批青年唱着阎肃的歌来到军营，又离开部队。而耄耋之年的老兵阎肃始终在走着、在写着。他说，自己最爱穿的是军装，最爱写的是军歌，最爱去的是军营，愿意为兵服务一辈子。

"唯有这身军装最难舍弃"

　　满头银发，戎装在身，胸膛挺直，阎肃每每参加活动，总是神采奕奕。曾在朝鲜战场上立下"军装要穿一辈子"誓言的阎肃，历经半个多世

阎肃为战士写歌。（郭幸福 摄）

纪的风风雨雨，军装仍然鲜亮如初。

作为一名军队文艺工作者，阎肃深知自己最广阔的战场在"前线"，最远大的抱负在"前线"，最深厚的情怀也在"前线"。他一次次奔赴"前线"：上高原、下海岛、走边防、赴哨所，来到演兵场、指挥所，登上执行训练任务的预警机，探访航天员出征前的"问天阁"……来自"前线"的触动落在纸上，便是大气磅礴的一首首军魂赞美诗、一支支励兵冲锋号。

1964年，阎肃为创作歌剧《雪域风云》去西藏体验生活。18天的经历像生死劫难。在唐古拉山口一个兵站，他钻进用7床军被包裹的被窝，仍然感觉像躺在雪地里一样。第二天一早，一名小战士端来一盆洗脸水。阎肃随口问："你来多久了？""两年。"因为高原反应，小战士嘴唇发紫，还得了雪盲症。这样的士兵在兵站举目皆是，却没有一个人信念动摇。良久无语，阎肃蓦地给战士敬了个军礼："你是大英雄！真英雄！"

从此，对边防战士、基层官兵的敬意充满阎肃的心房。每当看到战士们灿烂的笑容和含着热泪的双眼，他知道，这群可爱的兵娃子是自己甘愿一辈子俯首服务的亲人。65年来，阎肃几乎跑遍空军所有的部队，机场、阵地、边防哨所，处处留下了他的足迹和歌声。

阎肃爱军营、爱军装爱得实实在在，真真切切。有人力劝他脱下军装，到机关当"官"，他却坚定而坦然地说："从参加革命以来，我什么都可以放弃，唯有这身军装最难舍弃。"

"军队文艺作品要有兵味战味"

"前进队列中，青春火正红，呼啸风花雪月，燃我强军梦。铁马秋风，激荡豪迈心胸；战地黄花，抒发壮丽深情；楼船夜雪，磨砺英雄肝胆；边关冷月，照我盘马弯弓。"这是阎肃的最新作品《风花雪月》，源起于一年前阎肃在文艺工作座谈会上的发言，他谈及"我们也有风花雪月，但那风是'铁马秋风'、花是'战地黄花'、雪是'楼船夜雪'、月是'边关冷月'。"饱读诗词歌赋的阎肃，从小就渴望金戈铁马的战斗生活，他常说，"军队文艺作品要有兵味战味，决不能变了味！"

1987年，阎肃到沈空航空兵某师采风，和战士们同吃同住，战士们对他掏出心里话："常常觉得憋屈。"原来，当时社会上常把当兵的叫作"傻大兵"。阎肃决定写首歌给大家"长长志气"——"真正的标准男子汉大多军营成长，不信你看世界的名人好多穿过军装。天高地广经受些风浪我们百炼成钢，因为人民理解我们心头充满阳光……"《军营男子汉》散发着新时期革命军人的蓬勃朝气，经作曲家姜春阳谱曲，这首歌就像长了翅膀飞遍全军，官兵们唱得腰杆笔挺，唱得扬眉吐气。

让每一首军歌成为激励官兵的号角，是阎肃坚持不懈的艺术追求。他写的第一首歌《我的银燕是祖国造》，创作的第一部歌剧《刘四姐》，在部队传唱最广的《我爱祖国的蓝天》《军营男子汉》，2013年创作的《当兵前的那个晚上》《强大机群向前飞》，都透着浓浓的兵味战味，抒发的都是强军志、英雄气。

前不久，作曲家姜春阳听说阎肃参与策划纪念中国人民抗日战争暨世界反法西斯战争胜利70周年文艺晚会，经常忙到深夜，便打电话让他悠着点，当心身体。阎肃的回答是："我还得干！"说完，还铿锵有力地唱道："云海大无边，蓝天多辽阔……迎着太阳高声唱，我爱这战斗的生活。"这首激昂的歌曲是阎肃和姜春阳40年前共同创作的，歌名就叫《我爱这战斗的生活》。

"与战士同演同乐"

"哪有那许多相思眼泪，哪有那许多离别柔肠，当我们勇敢地踏上战场，胸膛里喷涌的是雷，是火，是钢！"

这是阎肃写的一首歌《天职》。他把爱兵、写兵、唱兵、励兵当作自己的天职。阎肃说，他的许多歌都是在连队宿舍的马扎上写的，是基层的官兵让他有了灵感，产生了写作的冲动。"基层官兵都很喜欢阎老，愿意跟阎老聊天。阎老下部队时，无论旅途多么劳顿，一到官兵们中

2006年2月5日，阎肃首次试穿军礼服。（郭幸福 摄）

间，他立刻充了电一般神采飞扬。"北京军区空军业余文化服务队歌手褚海辰说，他喜欢给战士们当指挥，当小品导演，当"特邀作家"，战士们有什么心里话，都爱跟他讲，敢跟他讲。

基层提出来的要求，阎肃有求必应。2010年春节前，一个基层部队要举办迎新春文艺晚会，邀请阎肃与文工团的同志和战士们共贺新春。阎肃当即就答应了。他说："一些专业场合我们可以推，但基层官兵的心不能冷。与战士同演同乐，必然激活我们很多东西。"于是，他冒着风雪赶往部队，并在晚会上登台朗诵自己写的诗歌《似水流年》："问一问，人的一生有几天；算一算，人的一生不过三天。跑过去的是昨天，奔过来的是明天，正在走的是今天……"

"枪林弹雨数十载，硝烟染得两鬓白。笑谈不提当年勇，豪放只抒今日爱。岁月沧桑人未老，依旧是烈火长风满胸怀。"如同阎肃这首《老将行》中所写，他已经是一名老兵了，廉颇老矣，壮心犹在。

"只要我还有一口气，就要为部队服好务。"这是阎肃发自肺腑的深情告白。

（2015年11月26日《光明日报》）

亲爱的老伴（代后记）

亲爱的老伴：

人都说你著作等身，可你并没有什么著作。新华出版社许新副社长回忆说，在与您共同出席一次活动时，曾提出希望为出版您的作品提供服务，您听后哈哈一笑，说不用不用。是的，老伴，我最知道你，你从未想要出书，更不想给自己写传。你常说，历史老人最公正，该留下的自然会留下，像"床前明月光，疑似地上霜。举头望明月，低头思故乡"，千年过去了，留下来了；像"锄禾日当午，汗滴禾下土；谁知盘中餐，粒粒皆辛苦"，多少人在传诵，留下来了，走进人们心里的东西，自然就会留下。

如今你病了，病得很重。每天每次我从医院回到家中，都恍如落迹郊野、荒漠，空空荡荡。你常说你是家庭中间那根柱子，可现在家变了，没有了你的欢声笑语，藤椅上见不到你终日读书、写作、看报的身影。空气稀薄了，灯光暗淡了，家里冷清了。我和孩子们此刻好像都心照不宣，内心却是不知所措，无所适从……

你知道吗，我们这个家，缺你不可。我还能为你做点什么呢？思来想去，还是为你出本书吧，就算是你留给我的一件能摸得着、看得见的纪念吧！

老伴，你说呢？

（2015年11月29日）